KB002955

하루 30분,
인스타그램으로
월 200만원
더 번다

자동으로 돈이 벌리는 인스타그램 노하우

하루 30분,
인스타그램으로
월 200만원
더 번다

우슬비 지음

스몰빅 SMALLBIG LIFE
라이프

•
•
•
•

인스타그램을 통해 수익을 창출하는 것은 쉽지 않다. 많은 사람들이 인스타그램 계정을 키워 보려 도전하지만, 늘어나지 않는 팔로워와 반응이 오지 않는 게시물의 벽에 부딪히고 마는 것은 인플루언서들이 알고 있는 인스타그램 성장의 비밀을 모르기 때문이다.

나는 강의를 통해 다양한 목적을 가진 사람들을 만나 왔고, 그들의 계정을 함께 성장시키면서 인스타그램 게시물의 노출 방식과 팔로워 유입 공식을 정리했다. 그리고 이를 통해 인스타그램을 처음 시작하는 사람들이 흔히 겪을 시행착오를 줄이고, 단시간 안에 목표로 하는 결과를 이끌어낼 수 있는 노하우를 터득하게 되었다.

반신반의하며 이 책을 펼친 사람들 가운데는 인스타그램

계정 운영에 쏟는 시간을 부담스럽게 생각하는 사람들도 있을 것이다. 하지만 인스타그램은 시간을 많이 들인다고 무조건 성공하는 플랫폼이 아니다. 나 역시 인스타그램을 시작했을 당시 직장에 다니고 있었고, 한 달에 3~4회씩 지방 출장을 나갔으며, 동시에 블로그를 운영하고 있었다. 그럼에도 불구하고 인스타그램을 성장시켜 수익모델을 구축할 수 있었던 배경에는 인스타그램 성장의 효율성을 높이기 위한 고민과 연구가 있었다.

인스타그램을 통해 수익을 얻는 데는 대단한 노력과 재능이 필요하지 않다. 나는 이를 SNS 마케팅 교육자로서 다양한 연령대의 수강생들을 가르치며 깨닫게 되었다. 본인이 창업한 가게를 홍보하고 싶은 초보 사장님, 집에서 아이를 키우며 가계 경제에 도움이 되고픈 전업주부, 직장 월급만으론 부족해 부수입을 얻고자 하는 직장인. 그들은 남들보다 멋진 외모를 가지고 있는 것도 아니었고, 콘텐츠를 제작하고 가공하는 기술이 뛰어난 것도 아니었으며, 자신만의 독창적인 기술이나 재능을 보유하고 있는 것 또한 아니었다.

처음엔 누구나 '내가 정말 인스타그램으로 돈을 벌 수 있을까?' 의심을 품는다. 그러나 나는 여기서 확언할 수 있다. 남들보다 수려한 외모, 특출난 재능이나 기술, 독특한 콘셉트와 아이디어는 인스타그램을 조금 더 빠르게 성장시킬 수 있는 요소 중 하나일 뿐, 전부는 아니다. 타고난 조건을 가지고 있지 않은 사람도, 누구나 방법만 안다면 충분히 인스타그램으로 돈을 벌 수 있다.

이 책에는 내가 인스타그램을 키우고, 사람들을 가르치며 터득한 모든 노하우가 담겨 있다. 이 책은 인스타그램을 처음

시작하는 사람에게는 단번에 좋은 결실을 손에 쥐게 하는 보물지도가 되어 줄 것이며, 이미 인스타그램을 운영하고 있는 사람에게는 놓치고 있던 부분을 점검하게 하는 체크리스트가 되어 줄 것이다.

하루 30분이면 충분하다. 인스타그램의 세계에 뛰어들 약간의 용기와, 멋진 결실을 일궈낼 수 있다는 믿음만 있다면, 당신도 인스타그램을 통하여 쏠쏠한 수익을 얻을 수 있을 것이다. 당신의 인스타그램 계정에 날개를 달 준비가 되었는가? 그렇다면 이 책을 끝까지 쫓아가 보길 바란다.

목차

인스타그램, 이렇게만 시작하면 된다

쉽고 빠르게 팔로워 늘리는 비법

결국 중요한 건 콘텐츠다

INSTAGRAM MARKETING

1
PART

인스타그램,
이렇게만 시작하면 된다

기본을 알아야 방법이 보인다

• • • • •

계정 만들기

계정 만들기는 누군가에겐 어렵지 않은 일이지만, 누군가에 겐 시작을 머뭇거리게 만드는 높은 벽처럼 느껴질 수도 있을 것이다. 이 책에서는 조금 더 중요한 내용을 다루기 위해 계정을 어떻게 만드는지에 대한 설명은 생략하였다. 다만, 상세한 방법이 궁금하다면 아래 QR코드를 찍어 계정 만드는 방법을 따라해 보기 바란다.

◀ 인스타그램 계정 만드는 법

계정을 만들 때 많이 하는 고민은 바로 '아이디를 어떻게 설정할 것인가'이다. 아이디에는 나 자신의 개성과 나의 사업의 아이덴티티가 담겨 있으면서도 사람들이 기억하기 쉬워야 하고 더불어 다른 사람과 겹치지 않아야 한다.

그렇지만 위의 조건을 모두 충족하면서 전 세계 20억 명의 사람들이 이미 만들어놓은 아이디와 차별화를 두는 건 쉽지 않은 일이다.

【아이디를 설정하기 전에 참고할 것들】

반영하기 좋은 단어들 : 내 이름, 별명, 이니셜

활용하면 좋은 영어 단어들 : daily, mood, cozy, heart, sunshine, vibes, melody 등 감성적이고 간단한 단어들

오피셜 계정의 경우 : 사업명_official, 가게명, 지역명

(언더바, 콤마 등을 활용하면 깔끔하게 눈에 들어온다.)

나의 아이덴티티가 담긴 이름, 별명, 이니셜이나 아이디로 활용하기 좋은 영어 단어 등을 적절하게 조합하여 아이디를 만들어보자.

위 내용들을 고려하여 아이디를 정했지만, 과연 잘 만든 것인지 확신이 서지 않는다면? 추후 변경하면 된다. 아이디는 고정된 것이 아니며 일정 기간에 한 번씩 변경할 수 있으니 부담 없이 결정하고 다음 단계로 넘어가는 것이 제일 좋다.

기초 용어 및 기능 익히기

인스타그램에서 사용하는 몇 가지 용어가 있다. 바로 '해시태그', '팔로잉', '팔로우'이다. 이와 같은 용어들은 이미 많이 알려져 있어 인스타그램 이용자가 아니더라도 익숙한 개념이지만, 이에 대한 자세한 설명이 궁금하다면 아래의 QR코드를 통해 확인해 보자.

◀ 인스타그램의 기본 용어

인스타그램의 기본 구성

인스타그램 알고리즘의 짜임새를 이해하기 위해서는 기본적인 구성에 대해 이해하고 있어야 하는데, 이는 본격적으로 인스타그램을 시작하기 전에 익혀두는 것이 좋다. 일단 기초적인 구성을 익히고 나면 인스타그램의 알고리즘이 조금 더 쉽게 다가올 것이다.

　인스타그램 채널을 성장시킨다는 의미는 내 게시물을 받아보는 구독자(팔로워)를 늘린다는 뜻이고, 내가 올린 게시물이 좋은 반응(조회수·좋아요·댓글·저장 등)을 얻도록 만든다는 말이다. 그렇다면 사람들은 어느 경로를 통해 내가 올린 게시물을 볼 수 있을까? 이는 크게 4가지 경로로 정리해 볼 수 있다.

1. 홈탭

◀ 홈탭 화면

홈탭은 인스타그램 앱을 실행하면 가장 먼저 노출되는 화면을 말한다. 나를 팔로우하고 있는 사람이 내가 올린 게시물을 볼 수 있는 곳이며, 마찬가지로 나의 홈탭에는 내가 팔로우 하고 있는 사람의 게시물이 나타나게 된다.

홈탭에서의 노출을 높이는 방법은 두 가지가 있는데, 그 중 첫 번째는 나를 팔로우하는 사람이 많아지는 것이다. 팔로워가 많아지면 홈탭에서 내 게시물을 볼 수 있는 사람들 또한 많아진다. 당연한 이야기처럼 들리겠지만 가볍게 생각해서는 안 된다. 이 책을 계속 따라가다 보면 홈탭이 가지는 중요성을 깨달을 수 있을 것이다.

2. 탐색탭

◀탐색탭 화면

인스타그램 하단의 돋보기 버튼을 누르면 내가 팔로우하지 않은 불특정 다수의 게시물을 볼 수 있다. 불특정이라고 표현하긴 하지만 알고리즘에 의해 노출되는 게시물들이며, 사람마다 탐색탭에 노출되는 게시물이 다르다. 탐색탭에서 게시물을 클릭하면 하단에 게시물이 추천된 이유에 대한 간단한 설명이 나온다.

① **인스타그램 추천** : 인스타그램이 누군가의 게시물을 나에게 추천해 주는 것이다. 어떤 기준으로 추천해 주는 것일까? 바로 좋아요, 댓글, 저장 등이다. 인스타그램은 위와 같은 지표를 통해 사람들에게 좋은 반응을 얻고 있는 콘텐츠를 '좋은 콘텐츠'라고 생각한다. 그렇게 선별한 '좋은 콘텐츠'를 우리에게 추천해 주는 것이다.

② **참여한 게시물과 유사한 콘텐츠** : 모든 SNS 앱은 사용자가 오래 머물기를 바란다. 인스타그램의 경우 사용자를 오랜 시간 앱에 머물게 하기 위해, 사용자의 관심사를 파악해서 사용자가 좋아할 만한 게시물을 추천해준다.

예를 들어 평소 음식 사진에 좋아요나 댓글, 저장 등의 반응을 많이 보여줬다면 나의 탐색탭에는 음식과 관련된 게시물이 노출될 가능성이 커진다.

③ 팔로우하는 계정과 유사한 계정 : ②번과 비슷한 방식으로, 내가 팔로우하고 있는 계정들과 유사한 콘텐츠를 올리는 계정을 노출시켜 주는 것이다. 이러한 방식으로 노출이 일어나기 위해서는 나의 계정에 콘텐츠를 올리는 과정에서 해당 콘텐츠의 콘셉트가 무엇인지 인스타그램이 명확하게 인지할 수 있도록 해야 한다.

세 가지 내용을 종합해 보면, 일단 사람들의 반응을 많이 얻는 것이 중요하며, 나의 게시물에 관심을 가질만한 집단(타겟)이 누구인지 정확히 이해해야 한다. 더불어, 해당 집단의 사람들이 찾을 만한 카테고리를 게시물 내에 설정하는 것이 필요하다.

좀 더 쉽게 말하자면, 음식에 관심이 많은 사람들이 내 게시물을 보게 하기 위해서는 내 게시물이 음식 관련된 이미지나 영상으로 구성되어 있어야 하며, 게시물을 올릴 때 이 게시물이 음식과 연관된 게시물임을 알 수 있도록 설정을 해야 한다는 것이다. 내 게시물이 어떤 주제를 가지고 있는지 인스타그램 알고리즘이 인지하게 하여, 이와 비슷한 관심사를 가지

고 있는 사용자에게 노출이 되도록 해야 한다. 이러한 설정은
주로 해시태그와 관련이 있는데, 이는 추후 해시태그 파트에
서 자세하게 알아보도록 하자.

3. 검색탭

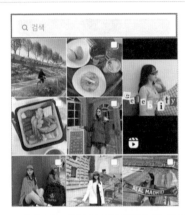

◀ 검색탭 화면

사용자는 검색을 활용하여 관심 있는 주제에 해당하는 콘텐
츠를 찾을 수 있다. 의외로 사람들은 인스타그램 검색을 많이
활용한다. 특히 특정 제품이나 착용샷 등을 찾을 때 그렇다.
검색도 몇 가지 카테고리로 나누어볼 수 있는데 계정 검색, 오
디오 검색, 해시태그 검색, 장소 검색 등이 있다.

① 계정 검색 : 계정 검색은 사용자가 설정한 이름을 반영하여 노출이 된다. 그렇기 때문에 인스타그램에서의 내 이름 또한 검색 기능을 고려하여 설정하는 것이 좋다.

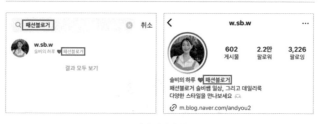

▲ 계정 검색의 예시

② 오디오 검색 : 콘텐츠 게시물을 업로드할 때 BGM으로 사용할 음악을 설정하게 된다. 오디오 검색 항목에 음악을 검색하면, 각 음악마다 어떤 게시물을 업로드하였는지 한눈에 볼 수 있다.

③ 해시태그 검색 : 해시태그는 게시물 업로드 전, 사용자가 직접 설정하는 것이다.

④ 장소 검색 : 장소 역시 게시물 업로드 전, 사용자가 직접 설정하는 것이다. 다만, 장소는 등록된 장소만 태그를 할 수 있

는데 여기서 장소 등록은 페이스북 앱의 체크인 기능을 통해 할 수 있다.

검색 항목에서 중요하게 생각해야 할 것은 두 가지다. 첫째, 뭐라고 검색했을 때 내 계정이 노출되면 좋을까? 둘째, 사람들은 어떤 검색어를 많이 사용할까? 첫 번째 문제를 잘 수행하기 위해서는 나와 내 브랜드의 핵심을 잘 이해하고 있어야 할 것이며, 두 번째 문제를 잘 해결하기 위해서는 얼마나 많은 사람들이 내가 올리고자 하는 콘텐츠에 관심을 가지고 있는지 알고 있어야 한다.

4. 사람태그

게시물을 올릴 때 다른 계정을 태그하여 올리는 것을 말한다. 내가 올리고자 하는 게시물과 연관된 계정이 있을 경우 태그를 하게 되는데, 사람태그를 하게 되면 해당 계정의 태그 된 게시물 목록에 내가 위치하게 된다. 사람들이 많이 찾는 계정과 관련된 게시물을 올린 뒤, 내가 그 계정을 태그하게 되면 이를 통해 내 계정으로의 유입을 만들 수 있다.

내 계정으로 사람들이 들어올 수 있는 방법은 이 외에도 스토리 게시물, 쇼핑태그 등 여러 가지가 있지만 큼지막한 경로를 위주로 알아보았다. 어떤 집단의 사람들이 내 계정에 들어올 수 있을지에 대해 한번 예상해 보며 알고리즘의 1차 구성에 대해 완벽히 이해해 보도록 하자.

우측의 표는 인스타그램의 알고리즘이 어떤 요소를 통해 내 계정의 콘셉트를 파악하는지 정리한 자료이다.

이 자료를 통해 프로필과 게시물 내용을 어떻게 구성해야 내가 목표로 하는 사람들에게 노출이 이루어질지 고민해 보자. 다른 사람들의 계정을 살펴보며 그들이 추구하는 콘셉트와 타겟 유저를 유추해보는 것도 계정 운영에 큰 도움이 될 것이다.

【프로필 피드로 파악하기】

소개글에 패션블로거임을 언급

패션 관련 콘텐츠 다수

패션 관련 계정과
서로 팔로우를 하고 있음

예상 알고리즘:
패션 콘텐츠를 올리는 계정 → 패션 관심 유저에게 소개 가능

【게시물로 파악하기】

패션 관련 콘텐츠

강남 지역 위치 해시태그 사용

패션/쇼핑 관련 해시태그 사용

패션 관련 계정 또는
패션에 관심이 있는 계정에게
좋은 반응을 받음

예상 알고리즘: 패션 콘텐츠 & 강남 쇼핑과 관련
→ 패션 관심 유저 & 강남 지역 해당 유저에게 노출 가능

콘셉트만 잡히면 반은 온 것이다

○

• • • • •

인스타그램은 보기에는 쉬워 보이지만, 잘하기 위해서 해야 할 것들은 참 많다. 그러나 이것들을 한꺼번에 다 하려고 하다 보면 대부분 지쳐서 포기하고 만다.

강의를 하면서 지켜본 결과, 인스타그램 계정 운영을 금세 포기하는 사람들 대부분은 노력한 만큼 효과가 나타나지 않았기 때문인 경우가 많았다. 나는 '어떻게 하면 사람들이 포기하지 않고 꾸준히 인스타그램 계정을 운영할 수 있을까?' 고민했고, 단계별로 분명한 목표치를 제시하고 이를 이뤄낼 수 있는 실천 방법을 제시한다면, 누구든 지치지 않고 꾸준한 성과를 이루며 성장할 수 있겠다는 생각을 하게 되었다.

수준에 맞춘 단계별 실천법을 이야기하기에 앞서, 우선 나의 수준을 점검하고, 내가 만들어 나가고자 하는 계정의 유형을 설정해 보도록 하자.

나의 수준 점검하기

인스타그램을 이제 막 시작하는 사용자라면, 아마 본인의 머릿속에 만들고자 하는 이상적인 인스타그램 계정의 이미지가 있을 것이다. 본격적으로 인스타그램을 운영하기 전에 그 계정의 모습과 지금 내 수준이 얼마나 다른가에 대해 점검해보는 것이 필요하다. 내 수준을 파악하는 동시에 인스타그램의 운영 방향성을 제대로 잡기 위한 점검 리스트를 정리해 보았다.

1. 판매하고자 하는 서비스나 상품의 타겟이 인스타그램 주 이용자 군과 일치하는가?

인스타그램 초보자 입장에서는 계정 운영 시작하는 것도 힘든데 타겟 분석까지 해야 하나 싶을 수 있지만 분석을 직접할 필요는 없다. 메조미디어라는 사이트에서 정기적으로 미디어 트렌드와 타겟별 분석 자료들을 발행하고 있기 때문이다.

적어도 계정 운영을 시작하는 초기 단계에는 이 타겟 리포트를 반드시 읽어보기 바라며, 6개월~1년에 한 번씩은 나의 주요 타겟에 대한 분석 자료를 살펴보아야 한다.

▲ 메조미디어 insight M 자료실 – 연령별 소비 트렌드나 자주 찾은 플랫폼 등에 대한 자료를 정기적으로 확인이 가능하다.

현재 인스타그램의 주 이용자 군은 2~30대 젊은 층, 성별로 따지면 여성이라고 할 수 있다.

내가 판매하고자 하는 상품의 타겟(혹은 콘텐츠)이 2~30대 여성이라면 인스타그램의 주 이용자 군과 일치하기 때문에 인스타그램을 활용하는 것은 좋은 방향성이다. 그러나 만약 내가 판매하고자 하는 상품 타겟이 중년 남성이라면, 해당 이용자가 많은 다른 플랫폼을 고려하는 것이 효율적이다.

하루 30분, 인스타그램으로 월 200만원 더 번다

2. 내가 되고 싶은 계정의 모습이 요즘 트렌드에 부합하는가?

내가 설정한 계정의 콘셉트가 얼마나 많은 사람들의 호응을 이끌 수 있을지 살펴보아야 한다.

내가 인스타그램을 통해 다루고자 하는 주제가 대중적으로 익히 알려져 있거나 일상적으로 흔히 접할 수 있는 것들이라면(주로 의, 식, 주 관련) 문제가 되지 않을 수 있으나 만약 생소한 주제를 다룬다면, 콘텐츠를 이해시키기 위한 노력이 수반되어야만 한다.

예를 들어 내가 치킨을 판매한다고 가정해 보자. 우리나라에서는 치킨이 이미 대중화된 음식이기 때문에 치킨이 무엇인지, 어떻게 먹는 것인지 구체적으로 설명해가며 대중에게 이해시킬 필요는 없다. 그냥 고객에게 치킨과 관련된 콘텐츠를 전달하기만 하면 된다.

그러나 치킨을 전혀 모르는 세상에서 치킨을 판매한다고 생각해 보자. 그러면 상대적으로 해야 할 것이 많아진다. 치킨이 어떻게 만든 음식인지, 어떤 특징을 가지고 있고 어떤 맛을 내는지 설명하며 고객을 이해시켜야 하기 때문이다. 그런 상태에서 계정까지 키워야 한다고 하면 초보자 입장에서는 진입 장벽이 확 높아진다.

내가 판매하는 상품이나 서비스, 혹은 내가 갖고자 하는 콘셉트에 대해 사람들이 얼마나 관심을 가지고 있는지에 대해 파악하는 것은 정말 중요하다. 이를 파악하기 위해서는 인스타그램에 해당 해시태그를 검색하여 검색어 수를 참고하거나 네이버 데이터랩 (https://datalab.naver.com/) 과 같이 트렌드와 검색량 등이 전문적으로 분석되어 있는 사이트를 이용하면 된다.

그렇다면, 반드시 대중적으로 익숙한 상품이나 주제에 대해서만 계정을 운영해야 할까? 그렇지는 않다.

대중에게 익숙한 소재일 경우 콘셉트에 대한 거부감 없이 나의 콘텐츠를 알릴 수 있다는 장점이 있지만 경쟁자가 많다는 단점이 존재한다.

생소한 소재의 경우 대중에게 신선함을 불러일으킬 수 있으며, 경쟁자 또한 적을 것이다. 다만 내가 선택한 소재의 새로움이 대중에게 닿기까지 어려움이 있다면(주로 파급력이 부족한 경우) 어떤 방법으로 대중에게 다가가야 할지 한 번 더 고려해 볼 필요가 있다. 앞서 언급한 내용의 이해를 돕기 위해 성공하는 콘텐츠의 유형에 대해 조금 더 정리해 보았다.

〈성공하는 콘텐츠의 4가지 유형〉

1. 유용한 콘텐츠 : 콘텐츠 안에 '정보'가 담겨 있어 팔로워가 유익하다고 느낄 수 있는 콘텐츠

- 유용한 콘텐츠를 통해 좋은 반응을 얻으려면 사람들이 어떤 것을 궁금해하고 있는지 파악해야 할 필요가 있으며, 사람들이 궁금해하는 것을 일목요연하게 설명할 수 있어야 한다.

- 의학 계정, 주식 계정 등이 여기에 속한다.

2. 재미있는 콘텐츠 : '정보'를 담고 있지는 않으나 재미를 유발하거나 자극적인 요소를 담고 있는 콘텐츠

- 재미있는 콘텐츠를 잘 만들기 위해서는 유머감각이 중요하다. 또는 좋은 반응을 위해 자극적이거나 폭력성이 짙은 요소가 포함되기도 한다.

- 재미있는 콘텐츠를 잘 만들기 위해서는 타고난 감각이 중요할 수 있겠으나, 요즘 뜨는 챌린지나 밈 등을 활용하면 재미있는 콘텐츠를 비교적 쉽게 만들어 볼 수 있다.

- 개그맨이나 BJ 직업군의 계정이 여기에 속한다.

3. 창의적인 콘텐츠 : 남들이 생각하지 못한 것들을 보여주는 콘텐츠

- 창의적인 콘텐츠의 경우 해당 콘텐츠가 시초가 되어 챌린지 등

의 형식으로 콘텐츠의 소재가 이슈화될 수 있다.

– '달고나 커피 만들기', '치즈 100장으로 불닭볶음면 끓이기'와 같은 챌린지가 이런 콘텐츠 유형에 속한다.

4. 감성적인(예쁜) 콘텐츠 : 감성적이거나 예쁜 소재를 바탕으로 구독자의 흥미를 일으키는 콘텐츠

– 수려한 외모를 가지고 있는 연예인의 채널이나 감성적인 브이로그 채널이 여기에 속한다.

– 반려동물 계정의 경우, 감성적이면서도 재미있는 콘텐츠에 속할 수 있겠다.

대중적으로 익숙하지 않은 콘텐츠의 경우, 창의적인 콘텐츠 유형에 해당할 수 있다. 이러한 콘텐츠를 대중에게 어필하기 위해서는 그 콘텐츠 안에 재미 요소를 함께 담거나 감성적인 연출을 함께 하는 등 성공한 콘텐츠의 장점을 적용해 콘텐츠를 만드는 것이 필요하다.

또한 성공적인 콘셉트를 만들기 위해서는 본인이 어떤 유형의 콘텐츠를 생산할 수 있는지를 파악한 후 계정 성장 계획을 세워야만 한다.

이러한 부분을 고려하지 않고 인스타그램을 시작하게 되면,

하루 30분, 인스타그램으로 월 200만원 더 번다

높은 확률로 실패를 맛보게 된다. 그러니 반드시 어떤 유형의 콘텐츠를 제작할지 고려한 후 다음 단계로 넘어가기 바란다. 그리고 아래의 예시처럼 내가 되고 싶은 계정의 모습을 현실적으로 가능한 선에서 정리해 보자. 성장 후 모습을 미리 그려 보는 것과 그렇지 않은 것은 굉장히 큰 차이가 있다.

【계정 성장 계획표 예시】

내가 되고자 하는 계정의 모습	캠핑 관련 주제 캠핑 용품, 캠핑 요리
계정 주제와 관련된 해시태그와 게시물 수	캠핑 721만 게시물 캠핑용품 79만 게시물 캠핑요리 99만 게시물
해당 소재의 네이버 검색량	2020년 여름에 검색량이 급격히 증가했으며 그 후 감소세를 보임. 겨울보다 여름에 찾는 사람이 많음
전략	캠핑을 좋아하고 캠핑 용품을 판매하는 사람으로 표현. 캠핑장에서 내가 파는 제품을 어떻게 사용하는지에 대한 릴스를 찍어서 소개한다. 여러 캠핑장소에서 춤추는 콘텐츠를 정기적으로 올린다. (그 안에 내가 판매하는 제품이 들어갈 수 있도록 한다.) 핫한 캠핑 용품이 있으면 리뷰해본다.
콘텐츠 유형	- 유용한 콘텐츠 : 캠핑 관련 꿀팁이나 정보 공개 - 감성적인 콘텐츠 : 캠핑장 주변 풍경 등을 감성적으로 담은 모습 공유

3. 나의 브랜드 인지도에 맞는 실행 계획을 세웠는가? (실현가능성)

보통의 인스타그램 초보자들은 내가 되고 싶은 이상적인 계정의 모습을 살펴보고, 그 계정처럼 되기 위해서 그 계정에서 하고 있는 것들을 그대로 따라 해보는 경우가 많다. 이때 많은 사람들이 가장 중요한 사실 하나를 간과하는 실수를 저지르고 마는데, 이 치명적인 실수 때문에 결과적으로 실패를 경험하고 만다.

사람들이 간과하는 이것은 바로 브랜드의 인지도이다. 브랜드의 인지도가 얼마나 중요한지 예를 들어서 설명해 보겠다.

◀ '샤넬 뷰티 코리아' 계정

샤넬 뷰티 코리아에서는 인스타그램 계정을 만든 초기에 이런 뉘앙스의 게시물을 올렸다.

> 저희 샤넬 뷰티 코리아에서
> 인스타그램 계정을 만들었습니다.
>
> 다들 팔로우 하세요!

샤넬은 인지도가 아주 높은 브랜드이다. 그렇기 때문에 인스타그램 계정을 성장시키는 방법 중 하나로 '우리를 팔로우 하세요!'라는 게시물을 올리는 방법을 사용하였다. 이 방법을 우리가 따라 한다고 생각해 보자. 과연 사람들은 인지도가 아주 낮은 우리 계정을 팔로우하려고 할까?

다양한 계정의 성장 방법을 찾아보는 것은 아주 좋은 자세이지만 브랜드 인지도를 고려하지 않은 채 그내로 따라 하다 보면 좋은 결과를 얻기 어렵다. 인스타그램을 성장시키기 위한 실천 전략을 마련했더라도 나의 브랜드 인지도를 고려했을 때 이 전략이 정말 적절한지 점검할 필요가 있는 것이다.

4. 계정 성장을 위해 투자할 수 있는 예산이 얼마인지 책정 후, 이에 적합한 실행 계획을 세웠는가?

이 책을 읽고 있는 대부분의 사람들은 아마 예산 없이 인스타그램을 성장시킬 계획을 세우고 있을지도 모른다. 물론 예산없이 시작을 해도 무방하지만, 돈이 들어가느냐, 안 들어가느냐에 따라 인스타그램 운영 방법이 달라진다.

반드시 감안해야 하는 부분은, 예산이 투입된다고 해서 계정 운영의 수고로움이 완전히 덜어지는 것은 아니라는 점이다. 예산 활용 전략을 제대로 세우고 접근하지 않으면 원하는만큼의 효과를 기대하기 어려울 것이다.

예산이 들어갈 때와 들어가지 않을 때의 계정 성장 방법은 이후에 자세히 정리하도록 하겠다.

이렇게 네 가지 질문에 대해 답하며 자기 수준을 점검해 보았다면, 이제는 인스타그램 계정 유형에 대해서 살펴볼 차례다. 당신이 앞으로 키워나가야 할 인스타그램 계정은 어떤 유형에 속할까? 당신이 추구하는 방향성에 따라 계정 유형은 달라지며, 또 그에 따라 콘텐츠의 제작 방식도 달라지니, 머릿속으로 당신이 원하는 계정의 모습을 그려보며 따라오길 바란다.

하루 30분, 인스타그램으로 월 200만원 더 번다

계정의 유형 살펴보기

인스타그램 계정의 유형은 크게 브랜드 계정과 개인 계정으로
나누어 분류할 수 있다.

1. 브랜드 계정

브랜드 계정이란 특정한 개인이 드러나지 않는 사업체, 그룹,
콘셉트 등을 대표로 하는 계정을 말한다.

노출	계정 유형
직접노출	제품/서비스형
간접노출	네이티브형
	브랜드의 의인화

 직접노출과 간접노출은 내가 브랜드에서 판매하고자 하는
물건을 직접적으로 노출하느냐, 간접적으로 노출하느냐로 구
분하는 것이다.

 제품/서비스형의 경우, 내가 판매하고자 하는 물건의 사진
이나 서비스 이용 모습을 콘텐츠로 만들어 팔로워들에게 소
개하는 유형이다. 인스타그램에서 브랜드 계정을 운영한다고
하면 대체로 이 유형에 해당한다고 말할 수 있겠다.

 제품/서비스형으로 계정을 운영할 때에는 주로 제품 소개

에 대한 콘텐츠를 올리기 때문에 브랜드의 홈페이지를 대체하여 운영할 수도 있고 콘텐츠 제작이 그리 어렵지 않게 느껴진다는 장점이 있다. 그러나 소개할 수 있는 제품이 많지 않거나 한정적인 제품을 판매하는 경우에는 꾸준한 콘텐츠 업로드에 어려움을 겪을 수 있으며, 팔로워들이 내 제품에 꾸준히 관심을 가지기 어려울 경우 좋은 반응을 얻기 어렵다는 단점이 있다. 제품/서비스형으로 브랜드 계정을 운영할 때에는 이벤트를 함께 진행하거나 하나의 주제를 선정하여 꾸준히 콘텐츠를 업로드할 수 있는 프로젝트성 콘텐츠 계획을 해 보는 것이 좋다.

간접노출형 중 네이티브형의 경우는 내 제품을 직접적으로 소개를 하지 않으며, 사람들이 관심을 가질 만한 흥미로운 콘텐츠를 주된 콘텐츠로 올리되, 그 안에 내 제품들을 간접적으로 홍보하는 유형이다.

예시로 든 '자취생으로 살아남기'와 같은 네이티브형 계정들은 인스타그램 유저들이 둘러보기 버튼(돋보기 모양)을 눌렀을 때 그들의 이목을 끌만한 콘텐츠를 생산한다. 사람들이 콘텐츠를 보고 흥미롭다고 인식해서 클릭하게 되면 그때 간접적으로 제품을 홍보하는 것이다. 해당 콘텐츠에서 자연스레 소개되는 제품은 프로필 링크로 들어가면 구매할 수 있다. 그러

◀ 네이티브형 계정 예시
'자취생으로 살아남기'

나 매번 네이티브형 콘텐츠를 업로드하기는 쉽지 않기 때문에 계정 운영에 어려움을 느끼게 될 수도 있다. 그럴 때에는 제품/서비스형 계정 운영 방식과 적절하게 병행하여 제품/서비스형 계정에서 네이티브형 콘텐츠를 업로드해도 좋다.

브랜드의 의인화형 계정은 브랜드를 홍보하는 모델의 계정이나 브랜드를 운영하는 대표의 계정에서 브랜드 운영과 소식에 대한 스토리를 간접적으로 노출하는 계정을 말한다. 소주 브랜드 '처음처럼'에서는 SNS지기가 팔로워들과 소통을 하기도 하고, 가수 강민경님의 인스타그램에서는 강민경님이 런칭한 브랜드의 스토리가 올라오기도 하는데, 이런 경우가 의인화된 브랜드 계정의 예라고 말할 수 있다.

2. 개인 계정

개인 계정이란 특정 개인이 주체가 되어 운영하는 계정을 말하며, 대부분의 유저 계정들이 이에 속한다.

1) 협찬형

계정의 주인인 '나'와 관련된 콘텐츠를 올린다. 나의 일상을 공유하며, 내가 먹고, 즐기고, 느낀 점들이 핵심 콘텐츠가 된다. 콘텐츠 속에 협찬받은 물건이나 서비스를 녹여, 인스타그램 유저들에게 해당 제품이 자연스럽게 노출되도록 한다.

2) 공구형

주로 일상적인 소재를 바탕으로 하는 콘텐츠를 올리면서, 내가 직접 체험한 뒤 추천하는 제품을 공동구매 형식으로 진행한다. 공동구매를 진행하는 제품에 대한 소개와, 제품을 사용하는 모습을 자연스럽게 노출하는 계정이다.

3) 전문가형

내가 만든 작품을 올리거나 다른 사람들에게 도움이 될 만한 노하우 등을 공유하는 계정으로 특정 주제와 관련된 관심사를 가지고 있는 계정이다.

이 계정을 팔로우하는 팔로워들은 계정의 콘텐츠에 유익함을 느끼거나, 관심사와 코드가 비슷하여 지속적으로 콘텐츠를 받아보고 싶어하는 경우가 많다.

▲ 먹스타그램 계정을 운영하시는 @wu_hyun 님

▲ 공구 계정을 운영하시는 @joscelyn0302 님

▲ 화가로 활동중이신 @back.soo 님

이 중에서 어떤 유형의 계정을 만들어 나갈지는 본인이 정하기 나름이다. 유형별 계정 성장의 방법은 각자 다르지만 시작은 동일하다. 이제 인스타그램 초보자가 어떤 유형의 계정

을 만들어 나가든 '괜찮은 시작'을 할 수 있는 방법인 '방향성 잡기'에 대해서 알아보도록 하자.

#방향성 잡기 : 단계적으로 할 수 있는 실천적인 방법

우리가 RPG게임에서 게임 캐릭터를 키운다고 생각해 보자. 몬스터를 잡아서 레벨을 올리는 게임을 한다고 가정했을 때, 내 레벨이 10 정도의 수준이라면 그 수준에 맞는 몬스터를 잡아야 내 캐릭터가 안정적으로 레벨업을 하며 성장할 수 있을 것이다. 그러나 내 수준보다 터무니없이 높은 레벨의 몬스터를 잡는 데 시간을 쓴다면 내 캐릭터는 레벨을 높이기는커녕 시간 낭비만 하게 되는 꼴이다. 인스타그램 계정을 운영하는 것도 이와 마찬가지이다. 내 수준에 맞지 않는 노력들을 하게 되면 효과도 없을뿐더러 시간만 낭비하는 꼴이다. 이런 사람들은 노력에 비해 아웃풋이 제대로 나오지 않아 결국 지쳐 포기하게 될 가능성이 높다.

그렇기 때문에 초보자라면, 단계별 목표를 설정한 후 계정을 성장시키는 것이 좋다. 이렇게 단계를 나누어서 진행을 하게 되면, 큰 목표를 세 가지의 작은 목표로 나누었기 때문에 같은 시기에 해야 할 일이 줄어들고 부담감도 덜해진다. 또한

하루 30분, 인스타그램으로 월 200만원 더 번다

한 단계씩 목표를 달성할 때마다 성취감을 느낄 수 있다. 인스타그램 계정 성장을 위해 단계별로 삼을 수 있는 목표는 다음과 같다.

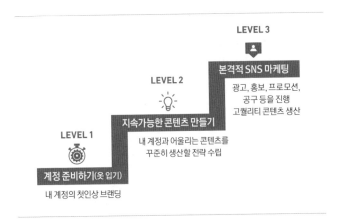

레벨1 단계에서는 내 계정의 첫인상을 브랜딩 해야 한다. 영업사원의 출근길을 예로 들어 설명해 보겠다. 영업사원이 아침에 집을 나서기 전에는 반드시 해야 할 일이 있다.

바로 단정하게 옷 입기, 깔끔한 인상으로 보여지기 위해 얼굴과 머리 정돈하기 등 외모를 꾸미는 일이다. 영업사원은 왜 이렇게까지 외모에 신경을 쓰는 것일까? 왜냐하면 고객을 만나고 영업을 성공시키는 데 있어서 영업사원의 첫인상이 큰 영향을 끼치기 때문이다.

인스타그램도 마찬가지이다. 내 계정의 첫인상은 누군가가 내 계정에 들어와 반응을 보일지 말지, 팔로우를 할지 말지를 결정하게 하는 중요한 요소이다. 그렇기 때문에 내 계정이 호감형으로 보일 수 있도록 계정의 첫인상을 가장 먼저 브랜딩해야 한다.

이 단계에서는 일련의 노력을 통해 팔로워 숫자를 높이려는 시도도 필요하다. 이때에는 내 고객이 될 가능성이 있는지 없는지를 생각하지 말고 온전히 숫자 늘리기에 집중해야 한다. 팔로워가 높고 낮고가 첫인상에 중요한 영향을 줄 수 있기 때문이다. '내 계정의 첫인상과 팔로워 숫자가 무슨 관련이 있는 거지?' 라는 의문이 든다면 이렇게 답할 수 있을 것 같다.

같은 건물 같은 층에 비슷한 메뉴를 파는 식당이 있다고 가정해 보자. 두 개의 식당은 음식 가격과 맛, 인테리어까지 비슷하다. 과연 손님들은 둘 중 어느 가게에 들어갈까? 아마 내부에 손님이 더 많은 식당에 들어갈 것이다.

은연중에 '저 가게는 손님이 많은 이유가 분명히 있을 거야' 라고 판단하기 때문이다. 인스타그램 계정도 이와 마찬가지이다. 비슷한 콘셉트의 계정들은 아주 많지만 그 중에서 특별히 팔로워 숫자가 높은 계정을 보게 되면 '이 계정에 팔로워가 특히 더 많은 이유가 있을 거야'라는 생각이 든다는 것이다. 팔로워 숫자는 잠재 고객이나 광고주들이 나의 계정을 판단하는 기본 척도이다. 인스타그램의 세계에선 팔로워가 높을수록 사람들이 나의 가치를 높게 매길 확률이 높아진다. 그렇기 때문에 팔로워 숫자를 최대한 늘려서 사람들이 내 계정에 관심이 많다는 첫인상을 심어주어야 한다.

결과적으로 1단계에서는 내 계정의 팔로워 숫자를 최대한 높임과 동시에 인스타그램 운영에 시간을 쏟는 연습을 해야 한다.

레벨2 단계에서는 지속 가능한 콘텐츠를 만들기 위해서 노력해야 한다. 인스타그램 계정 콘셉트에 맞는 콘텐츠가 무엇인지 깊이 고민하며 꾸준히 콘텐츠를 생산해야 한다.

2단계는 주로 팔로워가 1,000명 정도 되는 시점부터 시작해 보라고 권장하고 있지만 반드시 그래야 하는 것은 아니다. 사람마다 좋은 콘텐츠를 만들 수 있는 타고난 감각이 다른데, 감각이 어느 정도 있는 사람의 경우 콘텐츠 제작이 어렵지 않기 때문에 바로 콘텐츠 생산에 들어가도 무방하다. 그러나 만약 콘텐츠를 생산하는 것이 어렵게 느껴지고 콘텐츠가 트렌디하지 않다고 느껴진다면, 1단계부터 차근차근 진행해 보기를 바란다. 먼저 좋은 반응을 얻을 수 있는 계정을 만든 후, 그 다음 콘텐츠를 고민해도 늦지 않다.

마지막 레벨3 단계에서는 본격적으로 내 계정을 알리며 수익화 모델로의 전환을 꾀해야 한다. 내 계정의 첫인상을 브랜딩하고, 지속 가능한 콘텐츠를 만들어낼 기반이 다져졌다면 레벨3으로 진입하면 된다.

브랜드 계정이라면 광고나 홍보, 프로모션을 진행하면서 내 제품과 계정을 알리고, 개인 계정이라면 협찬을 받거나 공구 등을 진행하자. 또한 이때부터는 콘텐츠의 수준을 높여서, 단순한 사진이나 홍보 이미지 등을 업로드하는 데 그치지 말고, 릴스와 같은 고퀄리티 콘텐츠를 제작하거나, 라이브 방송을 진행하며 팔로워들과의 소통을 다져나가는 것이 좋다.

나를 어필하는 첫 관문, 프로필

· · · · ·

매력적인 프로필을 만들기 위해서는 먼저 프로필 설정하는 방법을 알아야 한다. 자세한 프로필 설정 방법은 아래의 QR코드에 접속하여 알아보도록 하고, 이미 알고 있는 사람들은 바로 매력적인 프로필을 만드는 방법에 대해 살펴보도록 하자.

◀ 프로필 설정하는 방법

누군가가 내 계정에 팔로우하러 다가오게 만들기 위해서는 상대방에게 내가 팔로잉을 할 만한 가치가 있다는 인식을 심어주어야 한다. 그러려면 프로필이 어느 정도 매력적으로 구성이 되어 있어야 하는데, 초기에 가장 먼저 해야 할 일은 나의 정체성을 어필하는 것이다.

#정체성 어필하기

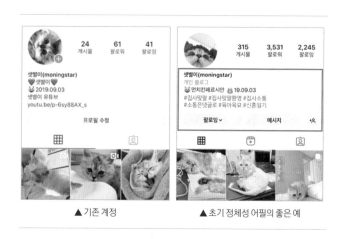

▲ 기존 계정　　　　　　　　▲ 초기 정체성 어필의 좋은 예

반려동물을 주제로 계정을 운영하던 수강생은 내 강의를 듣기 전, 프로필 소개란에 반려동물 '샛별이'의 기본 정보만을 기록해놓은 상태였다. 강의를 듣고 난 후에는 오른쪽과 같이 프로필을 수정했는데, '나는 당신이 나를 팔로우했을 때 당신을 팔로잉할 수 있는 사람입니다'라고 어필을 했다는 점에

서 이전 프로필과 차이가 있다. 프로필에 정체성만 제대로 어필해 주어도 맞팔과 소통에 대해 적극적인 느낌을 받을 수 있어, 다른 유저들이 계정에 접근하는 것을 수월하게 만들어 준다.

물론 프로필 내용을 바꾼다고 해서 무조건 사람들이 나를 팔로우하러 오는 것은 아니지만, 적어도 프로필에 해당 내용을 적어놓지 않았을 때보다 먼저 나에게 다가오는 사람들이 많아지는 것을 확인할 수 있다. 다른 사람의 계정을 팔로우할 때에도 오른쪽 계정과 같이 프로필을 꾸며놓는 것이 훨씬 효과적이다.

#호감형 계정은 프로필 사진으로부터

마케팅을 위해 인스타그램을 시작했다면 삼을 수 있는 두 가지 목표는 바로 1. 많은 사람들이 내 계정에 들어오는 것, 2. 사람들이 내 콘텐츠에 좋은 반응을 보이는 것이라고 할 수 있다. 그 중에 가장 중요한 것은 '좋은 반응을 얻는 것'이다. 좋은 반응을 얻으려면 일단 내가 좋은 사람처럼(=내 계정이 좋은 계정처럼) 느껴지도록 호감형 계정을 만드는 것이 중요하다.

호감형 계정의 첫인상은 프로필 사진으로부터 시작된다. 요

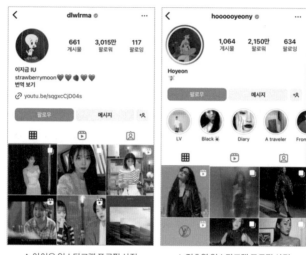

▲ 아이유 인스타그램 프로필 사진
– 트위티

▲ 정호연 인스타그램 프로필 사진
– 인어공주

즘은 꼭 자신의 사진이 아니라 애니메이션 캐릭터로 프로필을 하는 경우도 있고 브랜드 계정은 브랜드 로고를 사용하는 경우도 있기 때문에 무조건적으로 프로필 사진에 대한 정답이 정해져 있는 것은 아니다. 그래서 초보자가 간과하기 쉬운 프로필 사진 선택 기준에 대해서만 짚고 넘어가려 한다. 좋은 프로필 사진의 기준은 다양하니, 피해야 할 프로필 사진의 기준에 대해 알아보자.

다음 문장의 괄호 안에는 어떤 단어가 들어갈 수 있을까?

(　　　　) 프로필 사진은 피하는 것이 좋다.

마땅한 단어가 생각나지 않는다면, 아래의 인스타그램 프로필을 한번 살펴보자. 당신의 프로필이 인스타그램에 어떻게 노출될지 생각해 본다면 아마 답을 유추할 수 있을 것이다.

▼ 프로필 피드에서의 모습　　　　▼ 게시물 & 댓글에서의 모습

위의 이미지는 프로필 사진이 주로 노출되는 몇몇 화면을 가져온 것이다. 이 이미지들에서 보여지는 프로필 사진의 공통점은 무엇일까? 바로 프로필 사진이 둥근 원 안에 작은 사이즈로 노출된다는 것이다. 때문에 멀리서 찍은 사진을 프로필 사진으로 해놓게 되면, 보는 사람 입장에서 사진의 내용을 알아보기 어려울 수 있다. 그래서 가능하면 클로즈업된 사

진으로 프로필 사진을 설정해야 한다. 멀리서 찍은 사진은 확대를 해서 사용하거나, 전신샷보다는 상반신이나 얼굴 위주의 사진을 등록하는 것이 좋다.

(멀리서 찍은) 프로필 사진은 피하는 것이 좋다.

예를 얼굴로 들긴 했지만 상황에 따라 다른 피사체로 프로필 사진을 설정해도 된다. 다만, 마찬가지로 주의해야 할 점은 프로필 사진 속 대상이 클로즈업 되어야 한다는 것이다.

▲ 올바른 프로필 사진의 예시

프로필 사진을 선택할 때는 가능한 클로즈업된 사진을 사용해야 한다는 것, 그리고 되도록 인물 사진을 활용하는 것이 좋다는 것을 꼭 기억해두자.

나의 핵심 키워드로 소개글 채우기

프로필 사진 등록을 마쳤다면, 그 다음은 이름과 소개글 설정에 대한 고민이 필요하다. 소개글은 타인이 나에 대해 알 수 있는 단서가 되며 나를 핵심적으로 표현할 수 있는 요소이기 때문에 프로필 사진 못지않게 중요하다. 나의 프로필을 살펴보자.

내 프로필 소개글을 보면 알 수 있는 정보가 있다. 나의 이름(뭐라고 나를 불러야 할지), 나를 정의하는 문구(핵심 키워드), 나의 콘셉트와 관심사(나를 팔로우하면 어떤 게시물을 볼 수 있는지), 그리고 나와 관련된 이슈사항(이벤트, 공구 일정 등)이다. 소개글에는 나와 관련된 굉장히 중요한 내용들을 담아야 하기 때문에 위와 같은 사항들을 반드시 기재해 주어야 한다.

1. 이름

이름은 나를 정의하는 문구로, 나의 핵심 키워드이다. 인스타 그램 검색창에서 나를 검색했을 때, 내가 설정한 이름에 따라 검색에 노출이 된다. 그렇기 때문에 어떤 키워드를 검색했을 때 내가 노출되었으면 하는지 생각해 본 후 이름을 설정하도록 하자.

만약 실명이 아닌 닉네임을 사용하고 싶다면 적어도 유명인과 동명이인으로 겹치지 않게 설정하는 것을 권장한다. 왜냐하면 누군가가 내 닉네임을 검색했을 때, 나보다는 상대적으로 반응이 많은 유명인이 먼저 나오게 될 것이고 유명인과 관련된 부계정이 그 다음을 차지할 가능성이 높기 때문이다.

2. 소개글

소개글은 나의 콘셉트를 간단하게 소개하는 역할을 한다. 내가 어떤 게시물을 올릴 것인지, 나를 팔로우하면 어떤 게시물을 볼 수 있는지 소개하는 글이라고 할 수 있다. 나 같은 경우에는 패션과 관련된 게시물이 많이 올라온다는 점을 소개글에 표현하였다. 개인 계정에서 이렇게 관심사를 확실하게 드러내주면 광고주들의 컨택을 받기 쉽다는 장점이 있다. 내 계정이 광고주들에게 패션 계정으로 인식이 되면 패션 관련 협업 제안이 온다거나, 맛집 소개 계정으로 인식이 되면 맛집에서 협찬 제의를 받게 될 가능성이 높아지는 것이다. 그리고 내 관심사와 관련이 있는 제품의 공구를 진행할 경우 팔로워들이 진정성 있게 받아들이기 쉽다. 예를 들어 디저트를 관심사로 설정한 후에 디저트 공구를 진행하게 되면 자신이 좋아하는 것을 팔로워들에게 소개한다고 인식될 수 있다.

브랜드 계정에서는 소개글에 우리가 어떤 제품을 판매하는지, 우리 브랜드의 콘셉트는 무엇인지 등에 대해 작성해 놓으면, 잠재 고객 입장에서 빠르게 우리 브랜드를 이해할 수 있다. 특히 인지도가 부족한 브랜드 계정에서는 소개글 작성에 신경을 쓸 필요가 있다.

3. 나와 관련된 이슈사항

나의 계정에서 공구나 이벤트 등을 진행하고 있다면, 해당 이벤트 기간 동안 소개글에 한 줄 정도 관련 내용을 남겨놓는 것이 좋다. 이렇게 하면, 팔로워들에게 일정 기간 동안 어필해야 하는 중요 이슈에 대해 빠르게 전달할 수 있기 때문이다. 예를 들어 현재 이벤트를 진행하고 있고 이벤트 참여 링크가 따로 존재한다면, 프로필 링크가 어떤 기능을 하고 있는지 소개글에 설명해 줄 필요가 있는 것이다.

▲ 소개글 프로필 링크 예시

4. 프로필 링크

프로필 링크는 브랜드 계정의 경우 나의 브랜드 홈페이지, 개인 계정의 경우 나의 블로그나 유튜브 채널 등이 될 수 있다. 만약 소개하고 싶은 채널이 다양하다면 두 개 이상의 채널에 랜딩 시 도움이 될 수 있는 링크트리와 같은 기능을 사용하자.

◀ 링크트리 사용 방법

단, 브랜드 계정에서 프로필 링크를 통해 나의 온라인몰에 유입되는 양이 많다면, 굳이 여러 링크를 사용해 유입량을 나누기보다는 하나로 통일하는 것이 좋다. 주된 유입 경로에 다른 선택지가 생기면 원래의 유입 경로에서 이탈자가 발생할 수 있기 때문이다.

여기까지 매력적인 프로필을 설정하는 법에 대해 알아보았다. 이제 프로필 설정에 대한 좋지 않은 예시를 보고 어떻게 수정해 보면 좋을지 생각해 보자.

▲ 프로필 설정의 올바르지 않은 예시

해당 예시는 영업 목적이 다소 강하게 드러난 프로필이다. 영업에 대한 의욕만 너무 앞서면, 오히려 팔로워가 줄어들 위험성이 있기 때문에 몇 가지 사항을 조심할 필요가 있다.

① 간결하게 작성하기 : 소개글 설정 시 반드시 신경 써야 하는 부분이다. 위 프로필은 소개글이 너무 길어서 내용이 눈에 잘 들어오지 않는다. '소액결제&카드결제&할부가능'과 같은 내용들은 고객 입장에선 너무나 당연한 내용이기 때문에 굳이 소개글을 길게 만들면서까지 넣을 필요는 없다. 브랜드 입장에서 공지를 하고 싶은 내용이 있다면 인스타그램 스토리 기능을 활용하도록 하자. 이것과 관련된 자세한 내용은 추후 스토리 부분을 다룰 때 이야기하겠다.

② 중복되는 내용 빼기 : 예시를 보면 '문의 주세요'라는 문장이 반복적으로 들어가 있다. 그러다 보니 소개글이 너무 늘어져 버렸다. 반복적인 내용은 아예 기재를 하지 않은 것만 못하다. 내 프로필을 짧은 시간 안에 이해할 수 있도록 설정하려면 소개글을 한 번 읽어본 뒤, 중복되는 내용이 없는지 살피고 다듬는 과정을 거칠 필요가 있다.

③ 나의 의도 숨기기 : 영업 목적을 가진 계정에서 가장 중요한 것은 '나의 의도를 숨기는 것'이다. '저는 당신에게 어떻게든 물건을 팔고 싶은 사람입니다'라는 의도가 보이는 계정은 일반적인 사용자 입장에서 부담스럽게 느껴질 수 있다. 친해지

면 물건을 사야 할 것 같고 말을 걸면 나에게 영업을 할 것 같기 때문이다. 그렇기 때문에 가능하면 계정을 어느 정도 키우기 전에는 영업할 의도를 숨기는 것이 유리할 수 있으며, 하더라도 최대한 간접적으로 표현할 것을 추천한다. 위 예시에서는 'DM 주세요', '문의 주세요', '문의 환영' 등과 같은 표현으로 영업 의도를 너무 적나라하게 드러냈으며, 자꾸 고객에게 무언가를 달라는 표현을 사용하고 있다. 무엇을 해달라는 지시 표현보다는 내가 무엇을 제공할 수 있는지에 대해 표현하는 것이 좋다.

이 세 가지 사항을 개선하여 프로필을 재설정해 보도록 하자. 먼저 결제 정보와 중복되는 내용을 제거한 후, 내가 어떤 사람이고 무엇을 제공할 수 있는지를 작성한다. 프로필에서 강조하고 싶었던 '모든 피부 맞춤으로 상담 가능하다'는 내용은 부부가 계정을 운영한다는 점을 참고하여 남편은 지성, 아내는 건성과 같이 간접적인 표현으로 수정한다. 또한 주 타겟인 3~40대 여성과 공감대를 형성하기 위해 예비맘인 점을 강조하고 '나는 피부가 좋은 사람입니다. 피부가 좋아지고 싶으면 내게 상담을 받으세요' 라는 내용을 어필하기 위해 피부가 좋아보이는 내 사진을 프로필 사진으로 설정한다.

▲ 프로필 설정의 올바른 예시

이와 같이 프로필을 변경하면 잠재 고객이 내 계정에 들어왔을 때 나를 긍정적으로 인식할 확률이 높아진다. 상업적 요소를 내려놓으면서도 나를 효과적으로 드러내는 방법을 고민해 보자.

브랜드 계정의 경우

브랜드 계정은 상업적인 느낌이 무조건 날 수밖에 없다. 의도를 숨기기보다는 명확하게 드러내는 것이 오히려 계정과 서비스를 어필하는 데 도움이 된다.

058   하루 30분, 인스타그램으로 월 200만원 더 번다

위와 같은 프로필을 분석하며 필수로 들어간 내용이 무엇인지 생각해 보자.

1. 우리 브랜드에서 얻을 수 있는 제품/핵심 서비스

브랜드 계정에서는 영업 의도를 명확하게 드러내는 것이 좋다고 했는데, 여기서 반드시 명시해야 하는 내용이 바로 우리 브랜드의 제품이나 핵심 서비스에 관한 내용이다. 내가 어떤 물건을 파는지 혹은 어떤 서비스를 제공하는지에 대한 내용이 직접적으로 담겨 있어야 한다. 브랜드 계정의 팔로워는 필요에 의해 팔로우를 하기 때문에, 정확하고 확실하게 정보를 제시하는 것이 좋다.

2. 우리 샵이 위치한 지역 위치(오프라인 샵이 있을 경우)

오프라인 샵을 운영하고 있다면 지역 위치도 함께 기재해야 할 필요가 있다. 그냥 '삼겹살 맛집'으로 표현하기보다는 '방배동 삼겹살 맛집'으로 표현하거나 그냥 '헤어샵'보다는 '잠실 헤어샵'으로 표현하는 것이 도움이 된다. 이처럼 지역 명시는 검색을 통한 노출의 중요 포인트이기 때문에 오프라인 매장이 있는 경우에는 반드시 기재하는 것이 좋다.

3. 고객의 편의성을 고려한 유입경로

유입경로와 관련해 앞서 링크트리와 같은 멀티 링크 기능을 소개한 바 있는데, 멀티 링크는 상황에 따라 사용하지 않는 것이 더 도움이 될 때가 있다.

【멀티 링크를 사용하지 않는 것을 권장하는 경우】

인스타 검색을 통한 유입 비중이 크거나 프로필 링크가 예약 등으로 직결된 경우에는 멀티 링크를 사용하지 않는 것을 권장한다. 왜냐하면 주된 유입 경로 대신 다른 선택지가 생기면 오히려 원래의 유입 경로에서 이탈자가 발생할 확률이 높아지기 때문이다. 차라리 이런 때는 매출에 직결되는 링크를 프로필에 설정해 두는 것이 효과적이다.

여기까지 숙지했다면 잠재 고객에게 나를 어필할 수 있는 프로필 설정을 어렵지 않게 할 수 있을 것이다. 나의 프로필을 매력적으로 꾸밀 수 있으며 팔로워를 늘릴 준비가 되었다고 한다면, 이제 본격적으로 팔로워를 어떻게 늘릴 수 있는지에 대해 이야기해 보도록 하겠다.

INSTAGRAM MARKETING

2
PART

쉽고 빠르게
팔로워 늘리는 비법

팔로워의 숫자가 곧 수익이다

• • • • •

프로필을 설정했다면 이제 본격적으로 팔로워와 노출도를 높여서 최적화된 계정을 세팅해야 한다.

① 팔로워

② 프로필 사진

③ 소개글

④ 게시물

우리가 인스타그램 프로필을 볼 때 가장 먼저 시선이 가는 곳이 어디인지 생각해 보자. 바로 그 곳이 우리가 잠재 고객들에게 잘 보이기 위해 반드시 신경 써야 하는 부분이다. 사람마다 먼저 시선이 가는 곳이 다를 수 있겠지만, 대체로 팔로워, 프로필 사진, 소개글, 게시물이 가장 눈에 띄는 영역이라고 할 수 있다.

나는 이 네 가지 중에서 특히 팔로워 영역을 강조하고 싶다. 누군가의 피드에 도달하여 프로필을 훑고 이탈하는 과정에서 팔로워 숫자를 확인하지 않기는 쉽지 않기 때문이다.

정말 그런지 다른 사람들의 프로필 피드를 살펴보자. 프로필에 들어가서 게시물을 제대로 보지 않거나 소개글을 제대로 읽지 않을 수는 있지만, 팔로워 숫자를 확인하지 않고 피드를 이탈하기란 쉽지 않다. 그렇기 때문에 팔로워 숫자의 중요성은 아무리 강조해도 지나치지 않으며 내 계정의 첫인상

을 단정 짓는 요소라고 말할 수 있다.

　팔로워는 인스타그램 계정이 성장하는 기본적인 단계이다. 인스타그램이 성장하며 수익으로까지 이어지는 과정들을 아래와 같이 정리해 보았다.

　내 계정을 팔로우하는 사람들이 늘어나면 나의 게시물을 보고 '좋아요'와 '댓글' 등의 반응을 보여줄 수 있는 사람들이 많아지고, 내 게시물에 대한 반응이 많아질수록 인스타그램에서는 나의 계정과 게시물을 좋은 콘텐츠라고 인식하게 된다. 그러다 보면 내 계정에 유입되는 사람들이 점점 늘어나고 게시물의 노출이 증가해 수익으로까지 연결되는 것이다.

돈 한 푼 쓰지 않고 팔로워 늘리는 법

· · · · ·

팔로워의 중요성에 대해 설명했으니, 이제 '팔로워 숫자를 어떻게 늘려야 하느냐'는 질문이 나올 타이밍이다. 팔로워를 높이는 방법은 돈이 들어가는 방법과 그렇지 않은 방법으로 나눌 수 있다.

인스타그램에서는 돈을 들이지 않아도 충분히 팔로워를 늘릴 수 있지만, 그러기 위해서는 돈 대신 다른 무언가를 투자할 필요가 있다. 그렇다면 무얼 투자해야 팔로워를 효과적으로 늘릴 수 있을까? 이를 알아보는 가장 확실한 방법은 많은 팔로워를 보유한 계정을 분류해보고, 그 계정들이 지금까지 어떻게 팔로워를 늘려왔는지 분석해 보는 것이다.

#팔로워 많은 계정의 대표적 유형

1. 유명인

이미 다른 매체를 통해 유명해진 분들이다. 대중들은 유명인의 화려한 외모 혹은 일상과 생각을 궁금해한다. 그렇기 때문에 그들을 팔로우하는 것이다. 인스타그램 밖에서 이미 유명세를 가지고 있는 사람들이기 때문에 현실적으로 우리가 이 유형을 벤치마킹하는 것은 아주 어렵다.

2. 화려한 외모의 소유자

아무래도 인스타그램은 보여지는 것이 중요한 SNS다 보니 예쁘거나 잘생긴 사람들을 팔로우하는 경우가 많다. 그러나 외모가 뛰어나다고 해서 팔로워 수에 절대적인 영향을 미친다고 보기는 어렵다. (특히 요즘은 그런 사람이 너무 많아 희소성 또한 예전 같지 않다.) 유명인과 마찬가지로 초보자인 우리가 따라가야 할 방향과는 다르다.

3. 콘텐츠 강자

한창 유행했던 콘텐츠 중에 #공스타그램이 있었다. 공스타그램이란 스터디 플래너에 오늘의 공부 목표를 정리하거나, 필기

하루 30분, 인스타그램으로 월 200만원 더 번다

한 노트를 올리는 등의 공부 관련 콘텐츠를 올리는 계정이다. 특별할 것 없는 계정같이 보임에도 불구하고 꽤 많은 팔로워를 보유한 공스타그램 계정들이 눈에 띄었다. 팔로워가 많은 비결이 뭘까 싶어 콘텐츠에 달린 댓글을 쭉 읽어보니, 아래와 같은 질문들이 있었다.

'이 영상에서 사용한 형광펜은 어느 브랜드인가요?'
'이 마스킹 테이프는 어디서 샀어요?'

인기 있는 공스타그램을 분석해 본 결과, 내가 올리는 사진(콘텐츠)이 궁금증 또는 흥미를 일으키거나 유익한 정보라는 판단이 들 때 팔로우로 이어진다는 것을 알 수 있었다.

콘텐츠 강자의 경우는 앞에서 이야기한 두 가지 케이스보다 비교적 벤치마킹하기 쉬워 보일 수 있지만, 아무런 기반 없이 양질의 콘텐츠를 지속적으로 생산하기란 결코 쉬운 일이 아니다.

타 인스타그램 강의에서는 콘텐츠 강자의 케이스를 보여주며 '콘텐츠 주제를 정해라', '피드 느낌이나 사진을 신경 써라'와 같은 조언들을 많이 하지만, 말이 쉽지 본업이 있는 상태에서 콘텐츠의 완성도까지 신경쓰기란 쉬운 일이 아니다. 특히,

콘텐츠 제작에 대한 감각이나 기초지식이 부족한 분들이라면 더욱 어려움을 겪을 수밖에 없다.

체중감량을 위해 열심히 운동을 했는데 몸무게가 줄지 않는다면 의욕을 상실하게 되듯, 콘텐츠에 기본적인 감각이 없는 사람이 콘텐츠 제작에 너무 많은 시간과 노력을 쏟게 되면 노력 대비 좋지 않은 결과에 좌절하고 포기할 가능성이 높다. 그렇기 때문에 지속적인 의욕을 가지고 최소한 내가 노력하는 만큼의 결과를 얻을 수 있는 방법을 통해 계정을 성장시켜야 한다. 콘텐츠에 대한 고민은 어느 정도 계정이 성장한 후에 시작해도 늦지 않다.

팔로워를 늘리는 기본적인 방법

팔로워를 늘리는 가장 기본적인 방법으로는 서로 팔로우를 하는 방식인 '맞팔로우하기(맞팔)'가 있다. 하지만 무턱대고 맞팔로우를 남발했다가는 내 계정이 팔로워 숫자보다 팔로잉 숫자가 훨씬 많은, 소위 말하는 '없어 보이는' 계정이 될 가능성이 높다.

나도 인스타그램 개설 초반에 팔로워를 늘리기 위해 맞팔로우하는 방법을 시도해 보았다. 처음 시도했을 때만 해도 처

참한 실패를 경험했으나, 시간이 흐른 후 재시도했을 때에는 굉장한 성공을 거두었다. (참고로 이야기하자면 업로드한 콘텐츠의 분위기는 비슷했다.)

첫 번째 시도에서 실패를 맛보게 된 원인은 이랬다. 나는 팔로워를 늘리고 싶어서 먼저 다른 사람들의 계정을 팔로우했다. 내가 팔로우를 하면 상대방이 똑같이 맞팔을 해줄 것이라 기대했으나 현실은 그렇지 않았다. 10명을 팔로잉하면 적어도 5~6명 정도는 맞팔을 해주길 바랐는데, 10명 중 3~4명, 혹은 그 이하로 맞팔을 해준 것이다. 그래서 첫 시도엔 내 팔로잉 숫자만 많이 늘어났으며 팔로워는 거의 늘어나지 않았다.

실패를 경험한 후, 두 번째 시도에서는 팔로워 분석을 가장 먼저 시작했다. 팔로워가 높은 계정들은 어떤 사람을 팔로우하고 있는지를 살펴본 것이다. 그 결과 일정한 패턴이 있다는 것을 깨달았고 '맞팔을 할 때에는 누구를 팔로우하는지가 아주 중요하다'는 결론을 얻었다. '나는 누구를 팔로우해야 하는가'라는 질문에 답하기 전에 먼저 인스타그램에 있는 여러 집단의 대표적인 유형을 살펴보도록 하겠다.

1. 일상 계정

일반적으로 인스타그램에 가장 많이 분포되어 있는 유형이다.

오늘 어디에 갔고 무엇을 했고, 누구를 만났으며 무얼 먹었는지에 대한 콘텐츠를 올리는 일상적인 계정이다. 주로 실제 지인들과 맞팔로우를 하고 있다. 일상 계정에 내가 먼저 팔로우를 했을 때 과연 그들은 맞팔로우를 해줄까? 솔직히 말하면 그건 알 수 없다. 모든 사람들의 마음을 모두 예측할 수는 없기 때문이다. 일상 계정을 팔로우할 때 주의해야 할 점은 관심사가 확실하지 않은 집단에게 팔로우를 하러 다니는 것은 시간 낭비가 될 수도 있다는 점이다.

2. 언팔러

먼저 팔로우를 하자고 제안했으나 맞팔로우를 한 이후에 내 계정을 언팔로우하는 집단 유형이다. 주로 팔로우와 팔로잉을 일정 기간 늘린 후 한꺼번에 팔로잉을 정리하는 방식을 사용한다. 이런 집단은 당연히 팔로우를 할 필요가 없지만, 팔로우를 할 당시에는 이 사람이 언팔러인지 아닌지 알아차리기가 어렵다. 그래서 나를 언팔로우한 대상에 대해 주기적으로 확인하고 관리를 해줄 필요가 있다.

여기까지 인스타그램 집단 유형에 대해 간단히 알아보았으니 이제 앞서 한 질문, 즉 '팔로워를 늘리려 할 때, 우리는 누구를 팔로우해야 하는가?'에 대한 답을 해보도록 하겠다. 그 답은 팔로워가 높은 계정이 어떤 사람을 팔로우하고 있는지와 그 사람들이 어떤 사람들과 댓글을 주고 받는지를 살펴보면 쉽게 알 수 있다.

정답은 바로 '팔로잉을 하는 것이 본인의 계정에 이득이 된다고 생각하는 사람들'이다. 계정 초기 단계에 이런 '맞팔러'들을 공략하여 팔로워를 늘리게 되면 안정적으로 내 팔로워 관리를 시작할 수 있다. 그렇다면 맞팔러들은 어떤 특징을 가지고 있을까?

맞팔을 좋아하는 사람들은 주로 프로필 소개글에 소통을 좋아한다고 남겨놓는 경우가 많다. 아예 '팔로우해 주시면 맞팔할게요'라고 대놓고 적어놓기도 한다. 그러면서 팔로워와 팔로잉의 차이가 그리 크지 않거나 팔로잉의 숫자가 1,000명가량 되는 경우에는 내가 부담 없이 먼저 팔로우를 걸어도 좋다. 또한 서로의 인스타그램에 방문하여 댓글을 주기적으로 주고 받는 경우엔 더더욱 나를 팔로우해 줄 확률이 크다. 서로가 서로에게 남긴 댓글이나 팔로우 목록을 통해 관심사가 겹치는 사람들을 찾아나가며 팔로우를 하는 것이 초기에 가장 안정적이면서도 빠르게 팔로워를 늘릴 수 있는 방법이다.

이렇게 늘린 팔로워들은 단순히 팔로우를 하고 끝나는 것이 아니라 서로의 게시물에 댓글을 남겨주거나 좋아요를 눌러주는 등의 품앗이를 하게 된다. 품앗이 방식은 단순히 팔로워를 늘리는 것 외에도 나의 콘텐츠가 확산되는 데 굉장한 도움을 주는 방법이기도 하다. 현재 인스타그램에서 게시물이 노출되는 알고리즘 방식이 품앗이를 하는 사람들에게 유리하게 구성되어 있기 때문이다. 내 콘텐츠가 인스타그램에 많이 노출되기를 원한다면, 품앗이를 활발하게 해보도록 하자.

팔로워를 관리하는 꿀팁

앞서 설명한 방식대로 팔로우를 열심히 하러 다니다 보면 초반에는 팔로워보다 팔로잉이 더 많아지게 된다. 초반에 어느 정도 차이가 나는 것은 큰 문제가 되지는 않지만, 숫자의 차이가 벌어지면 벌어질수록 내 계정이 '없어 보이게' 되는 위험이 따른다. 다른 사람이 내 계정을 팔로우하고 싶은 마음이 생기도록 팔로워 숫자를 팔로잉 숫자보다 높게 유지하거나 적어도 비슷하게는 유지해야 한다.

그러기 위해 언팔로우 관리는 필수적이다. 맞팔이 되어 있지 않고 나만 팔로우하고 있는 계정이 있을 수 있으니 주기적으로 언팔로우를 해줘야 한다. 다만 내가 팔로잉하고 있는 상

내 계정에 들어왔을 때 딴 생각이 들지 않도록
팔로워 > 팔로잉 유지하기

대방이 나를 팔로우하고 있는지 일일이 대조해 보기란 쉽지가 않다. 그래서 나를 언팔로우한 사람을 찾는 언팔 관리 앱을 사용하는 경우가 많다.

언팔 관리 앱은 나를 언팔로우한 사람들의 리스트를 보여주고 일괄적으로 언팔로우할 수 있게 도와준다. 하지만 돈을 내고 사용하는 유료 언팔 관리 앱은 이용하지 않는 것을 권장한다. 인스타그램에서는 인스타그램 관련 유료 앱을 허용하고 있지 않기 때문에 잘못하면 내 계정이 차단당하는 불상사가 생길 수 있다. 그리고 실제 유료 언팔 관리 앱을 사용하던 사람들이 계정 해킹 문제를 호소하는 경우도 있었다.

안정적으로 언팔 관리 앱을 이용하고 싶다면, 언팔 관리 어플을 실제로 사용한 사람들의 후기를 찾아보고 이용하거나 무료로 이용할 수 있는 언팔로우 리스트 조회 기능 정도만 사용하기를 권장한다. 너무 자주 언팔로우 체크를 할 필요는 없지만 일정 기간을 정해서 주기적으로 관리하는 것이 이상적이라고 할 수 있다.

최소한의 예산으로 팔로워 늘리는 법

· · · · ·

팔로워 구매하기

팔로워 구매와 관련해서는 팔로워를 구입하는 노하우를 익히기보다는 장단점을 파악하고, 목적을 분명히 하는 것이 중요하다.

팔로워 판매를 전문적으로 하는 업체가 있다. 업체에서 팔로워를 구매하게 되면, 주문한 만큼 팔로워 숫자가 채워지게 되는데, 이러한 팔로워들은 대부분 '유령 팔로워'이다. '유령 팔로워'란 게시물에 좋아요를 누르거나 댓글을 다는 등의 반응을 보일 수 없는 팔로워를 뜻한다. 그러나 팔로워만 구매할 수 있었던 예전과 달리 요즘은 좋아요나 댓글 등도 구매가 가능하기 때문에 유령 팔로워들이 실제 게시물에 반응을 보이지

못하더라도 좋아요, 댓글 구매를 통해 부족한 반응을 채울 수 있다.

팔로워 구매의 장점은 단시간에 내 계정을 '있어 보이게' 만들 수 있다는 것이다. 특히 처음 계정을 생성하여 0부터 팔로워를 모아야 하는 사람 입장에서는 팔로워 구매가 도움이 된다. 만약 인스타그램을 이제 막 시작해서 100명 미만의 팔로워를 가지고 있을 경우, 다른 인스타그램 유저에게 다가갔을 때 좋은 반응을 얻기가 쉽지 않기 때문이다. 또한, 브랜드 계정은 상업성을 띄고 있기 때문에 개인 계정보다 팔로워를 모으기 어려운 경우가 많은데, 브랜드 계정 입장에선 계정이 '있어 보이는' 것이 매우 중요하기 때문에 팔로워를 구매하고 인스타그램을 시작하는 경우가 많다.

그렇다면 팔로워 구매의 단점에는 어떤 것들이 있을까? 내가 올리는 콘텐츠가 많은 사람들에게 확산이 되려면 일단 나의 팔로워들에게 좋은 반응을 얻어야 한다. 하지만 팔로워를 구매하여 실제 팔로워보다 유령 팔로워의 비중이 더 많아지게 되면 내 게시물의 노출이 줄어들고 결과적으로 계정 성장에 방해가 될 수 있다.

또한 팔로워를 대량으로 구매하여 나의 팔로워 대비 게시물의 좋아요와 댓글 수의 격차가 심해지면, 구매를 했음에도

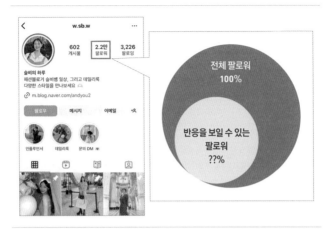

불구하고 계정이 없어 보이는 현상이 발생한다. 팔로워 구매자들은 계정이 없어 보이지 않기 위해 게시물의 좋아요를 다시 구매해야 하고 결과적으로 매번 게시물을 올릴 때마다 좋아요를 구매해야 할 수도 있다. 이런 식으로 개인 계정을 운영하는 사람들은 계정 유지를 위해 원치 않는 협찬을 받아 계정 유지비를 충당하기도 하는데, 이로 인해 계정의 분위기가 깨질 수 있다.

　팔로워 구매가 나쁜 것이라고 이야기하고 싶지는 않지만 적어도 구매 전에 지금껏 소개한 내용들을 고려하여 결정할 필요가 있겠다. 팔로워 구매를 해도 괜찮은 경우에 대해서는 표로 정리해 보았다.

【팔로워 구매를 해도 괜찮은 유형】	
계정유형	고려사항
개인 계정	- 계정 운영 초기 단계(팔로워 0~100명)에서 다른 계정과 소통에 어려움을 겪는 경우. 단, 팔로워 구매 후 구매한 팔로워의 수보다 실제 팔로워를 더 높이기 위한 작업 필요 - 현재 내 팔로워의 수보다 현저히 적은 비중의 팔로워를 구매하는 경우 예) 팔로워가 9,500명인 상태에서 500명을 구매하여 1만명을 채우는 경우.
브랜드 계정	- 계정 운영을 하기 위한 고정적인 예산이 있는 경우. 원하는 만큼 팔로워를 구매하고 업로드하는 게시물의 경우 좋아요를 숨기거나 좋아요까지 구매. 어차피 광고를 돌리기 때문에 노출에 대한 걱정을 할 필요는 없음

이벤트를 통한 팔로워 높이기

돈을 들여 팔로워를 높이는 방법 중 하나는 바로 이벤트를 여는 것이다. 인스타그램에서 많이 진행하는 이벤트의 종류에 대해 알아보자.

1. 팔로우하기

팔로우 이벤트의 기본으로, 좋아요/댓글/리그램 등 거의 모든 형태의 이벤트를 진행할 때 계정을 팔로우하라는 조건이 들어간다. 보통 팔로우만 하는 형태로 진행하는 경우는 거의 없으며 뒤이어 소개하는 다른 조건들과 함께 들어가게 된다.

2. 팔로우 + 좋아요 + 댓글 + 친구태그하기(선택)

팔로우하기와 더불어 팔로우 이벤트의 기본적인 형태이다. 그냥 팔로우만 하게 되면 이벤트에 누가 참여했는지 알기 어렵기 때문에 해당 게시물에 좋아요를 누르고 댓글에 '참여완료'와 같은 댓글을 달 수 있도록 이벤트를 진행한다. 댓글의 내용을 다양하게 제시하여 이벤트에 변형을 줄 수도 있다.

3. 팔로우 + 게시물 리그램하기

◀ 리그램하는 방법

※ 리그램 : 게시물을 공유하는 것으로 리그램한 게시물이 내 프로필 피드에 올라가게 된다. 리그램에 대한 자세한 설명과 방법은 QR코드를 참고하자.

리그램은 내 이벤트 게시물이 확산되도록 도움을 줄 수 있는 방법이다. 그러나 참여자 입장에서는 매우 번거롭다는 치명적인 단점을 가지고 있다. 또한 이벤트 참여를 위해 이벤트 게시물을 내 피드에 올리게 되면 피드의 분위기가 깨질 수 있기에, 참여자 입장에서는 가장 참여하기 꺼려 하는 이벤트 방식 중 하나다.

그래서 리그램 이벤트는 경품 당첨 인원보다 참여 인원이 적은 문제가 생길 수 있으며, 유령계정과 같은 이벤트 헌터(체리피커)들만 참여하여 이벤트 진행의 의미가 없어져 버리는 경우가 발생한다.

이토록 위험성이 큰 리그램 이벤트를 성공적으로 진행하려면 그에 걸맞은 보상이 필요하다. 고가의 당첨 상품을 제공하거나, 귀찮음을 감수할만한 매력이 있는 상품을 내걸어야 한다. 이벤트 기간 또한 일반적인 이벤트 기간보다는 넉넉하게 계획하여, 조금 더 많은 사람들이 참여할 수 있도록 독려할 필요가 있다.

【이벤트 헌터 계정의 특징】

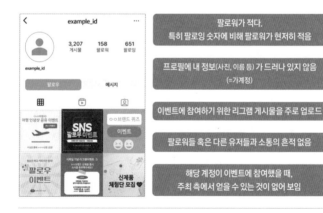

4. 팔로우 + 스토리에 게시물 공유 후 계정 태그하기

리그램 이벤트가 번거로워 참여자가 적다는 인식이 보편화 되면서 자연스럽게 스토리에 게시물을 공유하고 이벤트 계정을 태그하는 형태의 방식을 많이 사용하게 되었다. 이벤트 게시물을 스토리에 공유한 후 이벤트 진행 계정을 태그하거나, 이벤트 내용이 담긴 스토리나 게시물을 캡처한 후 이벤트 진행 계정을 태그하여 업로드하면 참여가 완료된다.

　스토리에 게시물을 공유하는 방식은 리그램 이벤트의 단점을 보완할 수 있다. 스토리 업로드 방식 자체가 리그램보다 간단하여 비교적 덜 번거로울 뿐만 아니라 내 피드에 게시물

【스토리에 게시물 공유하는 방법】

❶ 공유를 원하는 게시물에서 비행기 버튼 클릭

❷ 스토리에 게시물 추가 버튼 클릭

❸ 스토리의 모든 기능 활용하여 게시물 공유 가능

❹ '언급' 기능을 통해 원하는 계정 태그 가능

을 올리지 않아도 되고 24시간이 지나면 내 스토리에서도 사라지기 때문에 참여하는 데 부담이 적기 때문이다. 이벤트를 진행하는 계정 입장에서도 리그램 이벤트의 단점이 보완되면서도 이슈몰이의 장점 또한 어느 정도 확보할 수 있기 때문에 많은 브랜드 계정에서 스토리 공유 방식의 이벤트를 진행한다.

5. 팔로우 + 특정 해시태그 사용하여 참여 게시물 올리기

계정을 팔로우한 후 특정 해시태그를 사용하며 특정 사진을 업로드하도록 하는 방식이다.

지금 여행 중이라면?
또는 여행 중에 찍은 인생샷이 있다면?

○○여행사 계정과 함께
#○○여행사 해시태그를
사용하여 인생샷을 올려주세요!

추첨을 통해 ○○○상품을 드립니다 🏆

여행사의 경우 '여행하는 사진을 올려주세요! #○○여행사 해시태그를 함께 태그하여 올려주시면, 추첨을 통해 ○○○상품을 드립니다!'와 같은 식으로 진행할 수 있고, 의류 브랜드의 경우 '우리 브랜드의 옷을 착용한 고객님들의 후기를 기다립니다. #브랜드이름과 @브랜드계정을 태그하여 게시물을 업로드하시면 총 ○○명을 선정해 우리 브랜드의 신상 제품을 선물로 드립니다!'와 같은 방식으로 진행할 수 있다.

이벤트의 참여율이 높아질 경우 팔로워가 많아지는 것뿐만 아니라 내가 지정한 해시태그(주로 나의 브랜드 이름)의 게시물 개수가 늘어나게 된다. 그렇게 되면 내가 지정한 해시태그를 검색했을 때 뜨는 게시물의 개수가 많아 고객들에게 긍정적인 이미지를 줄 수 있다.

◀브랜드 명을 해시태그로 검색했을 때 해시태그 게시물 개수에 따라 이미지가 달라 보일 수 있다.

그러나 이런 이벤트는 실제로 나의 브랜드 제품이나 서비스를 구매한 사람이 많은 상태에서 진행해야 참여율을 높일 수 있다. 참여율을 더욱 높이기 위해서 인플루언서를 섭외해 이벤트 오픈 직후 초기에 이벤트 참여 게시물을 업로드하는 전략을 세우기도 한다.

인스타그램 이벤트를 시작하기 전에는 팔로우 이벤트가 팔로워를 높이기에 가장 간단한 방법일 것이라 막연하게 생각할 수도 있지만 실제로는 그렇지 않다. 다음 사례를 살펴보자.

앞의 계정은 어느 정도 인지도가 있는 기업에서 팔로우 이벤트를 진행한 사례를 가져온 것이다. 팔로우 이벤트를 하기 위해 약 100만 원가량의 비용을 지출하였고 이벤트를 통해 높인 팔로워의 수는 다음과 같다.

이벤트 한 번에 팔로워를 1,000명가량 높이는 것은 쉬운 일이 아니다. 소개한 계정은 팔로우 이벤트가 거의 성공한 사례라고 볼 수도 있을 것이다. 그러나 이벤트를 위해 지출한 비용을 생각해 보자. 이 책을 읽고 있는 대부분의 사람들은 팔로워를 높이기 위해 100만 원가량의 비용을 고정적으로 지출하기 어려울 것이다. 이벤트로 팔로워를 높이고자 할 때 비용을 낳이 지출한다고 해서 무조건 성공한다고 단언할 수 없으며, 비용 지출 대비 효과를 보지 못할 가능성이 존재한다.

실패한 이벤트 사례와 해결안

1. 이벤트를 진행했으나 참여가 저조하여 지출한 비용 대비 팔로워가 적게 늘어난 경우

계획했던 인원보다 적은 인원이 참여하여 이벤트가 실패로 돌아가는 사례는 무척 흔하다. 얼마나 많은 사람들이 이벤트에 반응할지 예상할 수 없기 때문이다. 이러한 문제가 발생하는 원인은 두 가지로 분류할 수 있다.

첫 번째는 팔로워가 많지 않은 상태에서 이벤트를 진행하여 이벤트 게시물의 노출도가 낮아 참여인원이 적을 수밖에 없는 경우이고, 두 번째는 게시물의 노출은 잘 일어났으나 이벤트 참여 방법이 번거로워서 참여도가 낮은 경우이다.

첫 번째 문제가 원인일 경우에는 광고를 통해 부족한 노출도를 보완할 수 있다. 인지도와 규모가 어느 정도 있는 계정에서도 팔로우 이벤트 진행 시 광고를 함께 병행하는 편이다. 이런 경우에는 가급적이면 팔로우 이벤트 진행 시 광고 진행 예산을 함께 계획해 놓는 것이 좋다.

두 번째 문제가 원인일 경우에는 이벤트 참여 방법에 어떤 어려움이 있는지 살펴보고 참여자가 부담을 적게 느끼도록 참여 방법을 간소화시켜야 한다.

2. 이벤트 종료 후 언팔로우 계정이 많아 결과적으로 팔로우 증가 효과를 보지 못한 경우

이벤트가 종료된 후 팔로워가 줄어드는 것을 100% 막을 수는 없지만 이벤트를 계획할 때 팔로워 감소를 최대한 막을 수 있는 전략을 함께 세우는 것이 좋다.

이벤트가 끝난 후 언팔로우를 하는 사람들의 심리는 이것이다.

'이 계정에서 얻을 수 있는 건 다 얻었어.'

참여자의 심리가 그렇다면, 이벤트가 끝난 후에도 팔로워에게 '더 줄 수 있는 것'을 만들어야 한다. 여기에는 간단한 방법도 있고 좀 더 전략적인 방법도 있다.

간단한 방법은 이벤트가 끝난 후 이벤트를 연달아 진행하거나 이벤트가 앞으로도 계속된다는 점을 암시하는 것이다. 당첨자 발표를 함과 동시에 다른 이벤트를 오픈하거나 당첨자 발표를 할 때 앞으로 계획된 이벤트에 대해 예고하는 방식을 사용해도 좋다.

전략적인 방법은 이벤트가 끝난 뒤 팔로워들의 관심을 끌 수 있으면서도 계정의 주제와 관련된 콘텐츠를 꾸준히 업로드하는 것이다. 이런 전략을 사용하려면 일단 계정에 꾸준히 올릴 수 있는 일관된 콘셉트의 콘텐츠를 준비해야 한다. 또한 이벤트를 위해 모은 팔로워들이 나의 계정 콘셉트에 어느 정도 관심을 가지고 있어야 한다. 관심도가 일치하는 팔로워를 모으기 위해서는 공략하고자 하는 타겟이 갖고 싶어할 만한 이벤트 경품을 지정하는 것이 좋으며, 타겟을 대상으로 광고를 노출시키는 것이 효과적이다.

예를 들어 육아맘을 타겟으로 하는 브랜드 계정을 운영할 경우 기프티콘과 같이 타겟이 너무 광범위한 경품은 지양하는 것이 좋다. 유모차, 젖병소독기 등 육아맘이 좋아할 만한 제품을 경품으로 지정하는 것을 추천한다.

3. 팔로워는 늘어났으나, 유령계정이 다수 참여하여 결과적으로 팔로워 이벤트의 효과를 보지 못하게 된 경우

이벤트에 참여하기 위해 만든 가짜 계정 즉, 유령계정이 이벤트에 다수 참여할 경우 내 게시물에 반응을 보이지 않기 때문에 이벤트 진행의 효과를 보기가 어렵다. 특히 이벤트 당첨자를 유령계정으로 선정하게 될 경우 다른 참여자의 원망을 들을 수도 있다. 때문에 이벤트 진행 시 유령계정의 단속은 필수적이다.

유령계정을 단속하는 방법은 간단하다. 유령계정을 당첨자 선정에서 제외하면 되며, 이에 대해 이벤트 게시물에 고지하면 된다. 간단한 방법이지만 간과한 채 이벤트를 진행할 경우 좋지 않은 반응을 얻을 수 있으니 반드시 신경 쓰도록 하자.

그렇다면 내가 진행한 이벤트가 실패했는지, 성공했는지에 대해서는 어떻게 확인할 수 있을까? 이런 의문이 들 때에는 이벤트 참여율을 확인하면 된다. 이벤트 게시물을 조회한 사람들 중 실제로 참여한 비율이 높을수록 이벤트를 성공적으로 진행했다고 말할 수 있다.

이벤트 참여율을 높이기 위해서는 이벤트를 시작하기 전 몇 가지의 사항을 점검할 필요가 있다. 앞서 언급한 이벤트 진행 실패 사례와 이에 대한 방안을 숙지했다면 아래의 점검사항을 체크해 보자.

【참여율을 높이기 위한 점검사항】

❶	확산력을 갖춘 상태에서 진행하는가?	☐
❷	참여 방법이 쉽고 간단하거나 재미있는가?	☐
❸	종료 후 이탈을 방지하기 위한 대안이 마련되어 있는가?	☐
❹	진행 목적이 뚜렷하며 진성 팔로워를 높일 수 있는가?	☐

이벤트를 성공시키는 꿀팁

내 경험을 바탕으로 이벤트를 반드시 성공시킬 수 있는 몇 가지 꿀팁을 정리해 보았다. 이벤트를 기획하는 중에 부족함을 느끼고 있다면 다음 내용을 참고해 보자.

1. 참여방법 간소화 & 재미 창출

매번 똑같은 패턴의 이벤트를 자주 진행할 경우, 참여자의 입장에서는 자칫하면 지루함을 느끼게 될 수도 있다. 이를 방지하기 위해 여러 패턴의 이벤트 방식을 사용하는 것을 추천한다.

댓글을 다는 이벤트를 진행할 경우, 퀴즈를 맞춰보라는 형식을 사용할 수도 있고 삼행시를 지어보라고 할 수도 있다. 삼행시의 경우 괜찮은 아이디어를 당첨자 발표 때 공유하여 콘텐츠로 활용할 수도 있다. 매번 똑같은 이벤트 방식보다는 다양한 방식의 이벤트를 기획하여 참여자가 다양한 방법으로 참여할 수 있는 기회를 제공하는 것이 좋다.

 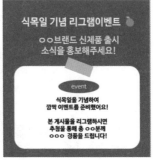

▲ 재미를 창출한 퀴즈 이벤트 예시

2. 종료 시점에 다음 이벤트 예고

당첨자 발표를 함과 동시에 새로운 이벤트를 오픈하는 것이다. 혹은 가까운 시일 내에 새로운 이벤트가 다시 진행될 예정이라는 계획을 함께 소개하는 방식도 좋다.

3. 예산 쪼개기 : 앵콜 이벤트

이벤트를 계획할 때 잡은 예산을 쪼개어 연속으로 이벤트를 진행하는 형태이다. 조삼모사 방식이라고 생각하면 쉽다. 만약 내가 이번 이벤트를 진행하기 위해 경품으로 스타벅스 커피 15잔을 준비했다고 생각해 보자. 1차로 이벤트를 진행할 때 경품을 15잔이 아닌 10잔으로 설정하여 오픈한다. 그 이후 이벤트 종료 시점에 '고객님들의 성원에 힘입어 저희가 앵콜 이벤트를 준비했습니다! (2차 일정)일까지 참여 미션을 해주신 분들 중 5명을 선정하여 스타벅스 커피 5잔을 추가로 드리겠습니다!'라고 공지한다.

1차 이벤트 〉 2차 이벤트 (앵콜 이벤트) = 총 15잔 예산 설정

　　팔로워에게 단계적으로 경품을 풀면 브랜드에 대한 친밀감을 상승시키고 계정을 원활한 소통의 창구로 사용할 수 있게 된다.

4. 이름 부르기 : 타겟 유입 전략

앞서 타겟을 공략하기 위해서는 이벤트의 경품을 타겟이 좋아할 만한 것으로 설정해야 한다고 소개했었다. 학생을 타겟으로 한다면 학생이 좋아할 만한 것을, 육아맘을 타겟으로 한다면 육아맘이 좋아할 만한 것을 경품으로 설정한 후 '이름 부르기 전략'을 사용하는 것이다.

만약 친구태그 이벤트를 진행한다면, 어떠한 사람을 태그해야 하는지 알려주는 방식으로 타겟을 모을 수 있다. 내가 어떤 타겟을 찾고 있는지 참여자에게 알려주고, 참여자가 내가 원하는 타겟을 태그할 수 있도록 유도하는 전략이다. 예를 들면 이런 식이다.

"함께 기프티콘 받으실 육아맘 친구 태그해 주세요!"
"주변의 대학생 친구에게 소개해 주세요!"

간단해 보이지만 위의 문구를 삽입했을 때와 그렇지 않았을 때의 결과는 천지차이이다. 이렇게 '이름 부르기' 이벤트를 진행하면 내가 원하는 타겟을 공략하기에 아주 효과적이다.

5. 목적은 뚜렷하게

이벤트는 팔로워를 늘리는 것이 1차 목적이지만 상황에 따라 2차 목표로 밀려나기도 한다. 이벤트는 목적이 무엇이냐에 따라 기획 전략이 달라진다.

【이벤트 목적에 따른 전략】

신제품 홍보	단순히 팔로우를 독려하기보다는 챌린지 형식이나 리그램, 스토리 공유 등을 통해 이슈몰이를 하는 방식이 적절하다.
콘텐츠 확산	챌린지 형식이나 후기 콘텐츠를 업로드하면 경품을 주는 방식으로 이벤트를 진행하는 것이 적절하다.
팔로워 증가	최대한 단순하게 팔로우 + 좋아요 + 댓글 + α방식으로 진행하는 것이 효과적이다.

어떠한 목적으로 이벤트를 진행하는 것인지 생각해 본 후 목적에 맞게 이벤트를 기획하기를 권장한다.

6. 진행 과정 생중계

이벤트를 준비하고 진행하는 단계에서 브랜드가 어떠한 노력을 했는지에 대한 내용은 팔로워들에게 어필하기 좋은 콘텐츠의 소재가 될 수 있다. 이벤트 준비를 위해 회의를 진행하는 모습이라든가 경품 발송을 하기 위해 택배를 포장하고 있는 모습 등을 소개하며 팔로워들과의 친밀도를 높여보자.

이벤트는 누구나 기획할 수 있지만, 제대로 신경을 쓰지 않을 경우 소중한 예산을 낭비하는 결과를 낳을 수 있다. 이벤트를 통해 팔로워를 늘리고, 내 계정의 인지도를 높이는 것도 중요하지만, 가장 중요한 것은 팔로워와 더 친해질 수 있는 기회를 놓치지 않는 것이다. 지금까지 이야기한 이벤트 진행 꿀팁을 꼼꼼하게 신경 써서 팔로워를 높일 뿐만 아니라 팔로워들과 더욱 친해지는 계정을 만들었으면 좋겠다.

INSTAGRAM MARKETING

3
PART

결국 중요한 건
콘텐츠다

나에게 맞는 콘텐츠를 찾아라

＊＊＊＊＊

인스타그램 계정 성장에 있어서 콘텐츠가 절대적인 영향을 끼치는 것은 아니지만 중요한 요소 중 하나임에는 틀림이 없다. 안정적으로 계정을 성장시키기 위해서는 평균 이상 퀄리티의 콘텐츠를 만들 수 있어야 한다. 콘텐츠의 질을 높이기 위한 방법을 생각하기 전에 먼저 콘텐츠의 유형에 대해 알아보고 끌리는 콘텐츠를 만들기 위한 전략으로 넘어가보도록 하겠다.

인스타그램에서 올릴 수 있는 콘텐츠의 유형은 다양하다. 나는 편의상 콘텐츠를 노멀 콘텐츠와 하이퀄리티 콘텐츠로 구분하였다.

노멀 콘텐츠

노멀 콘텐츠는 비교적 업로드에 부담이 없고 일반적으로 가장 많이 사용하는 콘텐츠이다.

- 피드(게시물) : 사진과 글(+영상)로 구성된 콘텐츠로 인스타그램에서 노출이 가장 많이 일어나는 곳 중 하나이다. 검색을 통한 게시물 유입이 가능하다.
- 스토리 : 가벼운 일상이나 반복적인 콘텐츠를 올리기 좋으며, 팔로워들의 참여를 유도하기에 용이한 기능들로 구성되어 있고 공지나 정보용 콘텐츠를 업로드하여 활용할 수도 있다.

- **하이라이트** : 스토리를 하나의 범주로 엮는 기능이다. 프로필 상단에 고정되어 공지나 이벤트 등 동일 카테고리의 게시물을 모아볼 수 있다.

하이퀄리티 콘텐츠

하이퀄리티 콘텐츠는 노멀 콘텐츠에 비해 콘텐츠 제작의 난이도가 높은 콘텐츠이다.

- **릴스(IGTV)** : 타 플랫폼인 틱톡과 유사한 숏폼 콘텐츠이다. 하나의 영상을 게시물로 업로드할 때에는 모두 릴스로 업로드가 된다. 인스타그램에서 주력으로 삼고 있는 콘텐츠이기 때문에 비슷한 소재의 콘텐츠를 올렸을 때 일반 게시물보다 노출이 잘 되는 편이다.

- **라이브** : 팔로워들과 실시간으로 소통하고 정보를 전달할 수 있다. 실시간 방송형 콘텐츠이기 때문에 다른 콘텐츠보다 팔로워들의 참여도나 반응률이 높지 않을 수 있지만, 나의 충성 고객과 소통하기에 가장 좋은 방법 중 하나이다.

콘텐츠의 적재적소 알기

콘텐츠의 유형에 대해 어느 정도 이해했다면, 내가 표현하고자 하는 내용과 목적에 맞는 콘텐츠를 올릴 수 있어야 한다. 바로 콘텐츠의 '적재적소'를 알아야 한다는 뜻이다. 나의 계정에 어떤 유형의 콘텐츠가 필요한지, 내가 전달하고자 하는 내용이 어떤 유형의 콘텐츠와 어울리는지를 파악하여 적절하게 배치했을 때 좋은 반응을 얻을 수 있다.

　우리가 가구 브랜드의 계정을 운영한다고 가정해 보자. 어떤 콘텐츠들을 적재적소에 배치할 수 있을까?

【어떤 콘텐츠를 만들 수 있을까?】

게시물	제품 사진 or 사진 + 동영상 조합, 고객 후기 리그램, 이벤트, 공지사항 (게시물 고정 필요), 제품 생산 과정, 영업 준비 과정
스토리	게시물의 후기보다 간단한 느낌의 고객 후기, 스토리 이벤트, 상품 Q&A (=무물보), 신상품에 대한 스포일러 형식의 콘텐츠, 고객과의 긍정적인 CS 응대 내용
스토리 하이라이트	스토리에 올린 후기 모음, 이벤트 진행 모음, 공지사항 등
릴스	상품 디테일 영상, 고객 후기 영상, 진행한 라이브방송의 하이라이트 편집본, 신상품 소개에 대한 영상, 제품 생산 과정, 영업 준비 과정 등
라이브방송	신상품 or 할인상품 등에 대한 소개 (라이브방송 프로모션 함께 진행)
가이드	상품별 게시물 모음 (예 : 테이블/의자/침대 등의 범주화), 고객 후기 모음, 신상품 모음 등, 우리 브랜드의 포트폴리오

　이렇게 만들어 업로드한 콘텐츠들은 2차 가공하여 다른 유형의 콘텐츠로 재생산이 가능하다. 하나의 주제를 한 유형의 콘텐츠로 활용하고 끝내는 것이 아니라 적절한 재생산을 통해 콘텐츠의 다양성을 확보하도록 하자.

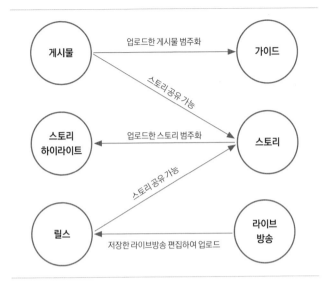

'좋아요'를 부르는 콘텐츠 만들기

· · · · ·

콘텐츠의 적재적소를 알았다면, 이제 콘텐츠의 주제를 고민하고 생산한 후 적절한 가공을 거쳐 업로드하는 과정을 거쳐야한다. 이때 나의 잠재 고객을 끌어당길 수 있는 포인트가 무엇인지 알아보도록 하자.

어렵지 않은 콘셉트 잡기

나는 어떤 콘텐츠를 올리는 사람인지, 팔로워들에게 무엇을 줄 수 있는 사람인지에 대해 생각해 보자. 명확하게 좋아하는 것 혹은 잘하는 것이 있는 개인 계정이나 브랜드 계정이라면 콘셉트를 잡는 것이 어렵지 않게 느껴지겠지만, 그렇지 않을 경우 콘셉트 잡기가 막막하게 느껴질 수 있다. 실제로 콘셉트를 잡는 단계에서 막막하다는 이유로 인스타그램을 포기하는 사례가 종종 발생한다. 그러나 콘셉트 잡는 것은 절대 어려워할 필요가 없다. 아니, 어려워하지 말아야 한다.

모든 SNS 계정을 키울 때, 콘셉트가 명확해야 계정 성장에 도움이 된다고 생각하는 경우가 많다. 특히 유튜브는 채널 콘셉트가 명확해야 하며, 한 채널에서 여러 콘셉트를 다루기보다는 콘셉트별로 채널을 만들 것을 권장하기도 한다. 하지만 인스타그램은 그럴 필요가 없다. 아래에 콘셉트 잡기와 관련된 자주 묻는 질문과 이에 대한 답변을 정리해 보았다. 질의응답을 살펴보며 어떻게 콘셉트를 잡을 수 있을지 생각해 보자.

Q. [개인 계정]

저는 콘셉트 잡는 것이 너무 어려워요. 그나마 조금 관심있는 게 맛집탐방 정도인데 매번 이 주제로 올리긴 싫고요. 저처럼 잘하거나 좋아하는 것이 없는 상태에서도 인스타를 키울 수 있을까요?

A. 좋아하는 것이나 잘하는 것이 없는 상태로 계정 콘셉트를 잡

을 수 있는지에 대해 고민이 되셨을 것 같습니다. 콘셉트는 명확할수록 좋지만 콘셉트를 정하기가 어렵다면, 주제를 '나'로 설정하여 운영하기를 권장드립니다. 콘셉트 하나를 정하기가 어려운 상태에서 '나'로 콘셉트를 정하게 되면 나의 일상과 연관된 다양한 소재들을 콘텐츠로 삼을 수 있기 때문인데요. 이렇게 콘셉트를 정하게 되면 음식, 패션, 뷰티, 여행, 건강 등 다양한 콘셉트의 콘텐츠들을 나의 일상으로 풀어낼 수 있어 억지로 콘셉트 하나를 정하는 것보다 훨씬 수월하면서도 자연스럽게 계정을 운영할 수 있습니다.

단, 콘셉트를 '나'로 정할 때에는 반드시 포함시켜야 하는 대상이 '나'이기 때문에 나의 얼굴이 콘텐츠 안에 노출되도록 하는 것을 권장드립니다. 매번 업로드하는 콘텐츠에 얼굴을 노출시킬 필요는 없지만 주기적으로 콘텐츠에 '나'를 포함시켜 팔로워들이 '나의 먹방', '나의 운동루틴', '나의 데일리룩' 등으로 콘텐츠의 주제를 인식할 수 있도록 해야지 보다 효과적인 반응을 얻을 수 있을 것입니다. 얼굴 노출이 부담스럽다면 얼굴을 제외한 나머지를 노출시켜도 됩니다. 적어도 팔로워들이 내가 로봇이 아닌 사람임을 인식할 수 있도록 말이에요!

대학생이라 대외활동용으로 인스타 계정을 만들었는데, 공스
타그램, 대학생활, 자기계발 관련, 대외활동 관련 글을 한 계정
에 모두 올려도 괜찮을까요? 전부 대학생활이랑 관련된 피드
라고 생각하긴 하는데 너무 복잡하지 않을까 걱정돼서요…!

A. 말씀해 주신 콘텐츠는 종류가 다양해 보이긴 하지만 '대학생
활'이라는 하나의 주제로 묶을 수 있기 때문에 한 계정에 올려도
괜찮을 것 같습니다. 다만, 대외활동 관련 콘텐츠를 올릴 때 일반
적인 사진이 아닌 내가 작업한 일러스트나 PPT 문서와 같은 가
공된 이미지를 올릴 경우 팔로워 입장에서는 상업적인 콘텐츠로
인식되어 좋은 반응을 얻기 힘들 수도 있습니다. 대신 '나의 대학
생활'이라는 하나의 주제를 가지고 '카페에서 대외활동 준비를
하는 나의 모습', '자기계발 하는 나의 모습', '조별과제를 위해 팀
원들과 화상 회의를 하는 모습', '나의 공부 흔적' 등 일상적인 형
태로 표현을 하게 되면 일반 사람들에게도 어느 정도 공감을 얻
을 수 있을 것 같네요! 인스타그램의 성격이 일상적이고 개개인
의 사생활과 밀접한 관련이 있는 점을 고려해서 콘텐츠에 일상적
인 부분이 담겨 있으면 좋을 것 같다는 의견을 드립니다.

선생님 혹시 콘셉트를 중간에 바꿔도 되나요? 일단 일상 계정으로 운영하다가… 제가 준비가 되면 패션 쪽으로 계정을 운영하고 싶거든요. 근데 그러려면 아이디를 새로 만들어야 하는 것인지 아니면 한 계정에서 콘셉트를 바꿔도 되는 것인지 궁금해요.

A. 같은 계정 내에서 콘셉트를 바꾸어도 되고, 콘셉트를 바꾸기 위해 새로운 계정을 만드셔도 됩니다. 다만, 같은 계정 내에서 콘셉트를 바꿀 때에는 '일상적인 주제'와 '하나의 특화된 주제'가 있는 상태에서만 바꾸는 것을 권장드립니다. 일상 → 패션 / 패션 → 일상 등 일상적인 계정에서 하나의 특화된 주제가 있는 계정으로 바꾸거나, 하나의 특화된 주제가 있는 계정에서 일상 계정으로 바꾸는 경우에만 권장을 드리는 것입니다. 패션 → 맛집 과 같이 특화된 주제에서 다른 특화된 주제로 바꾸는 것은 주제 전환으로 인해 팔로워들의 관심도가 떨어질 수 있기 때문에 가급적 삼가는 것이 좋습니다. 이런 경우는 아예 새로 계정을 만드는 것이 좋겠습니다. 일상적인 주제는 주제 전환이 어렵지 않은 형태의 콘셉트이기 때문에 처음 시작이 어려우신 분들은 일상 콘셉트 계정으로 시작하는 것을 권장드리고 있습니다.

회사에서 웨딩 쪽 일을 하고 있습니다. SNS를 통해 모객을 하고 싶은데요. 개인 계정과 브랜드 계정 중 어떤 방법으로 계정을 운영하는 것이 좋을까요? 콘텐츠도 고민이에요 ㅠㅠ

A. SNS를 통해 모객을 하고 싶으시군요! 가능하면 개인 계정으로 시작하셔서 브랜드 계정 중 '브랜드의 의인화' 계정(방향성 잡기 할 때 배운 내용)으로 운영하시는 것을 권장드립니다. 초기에는 일상적인 느낌과 함께 '일하는 나의 모습'이 담긴 모습을 많이 보여주며 계정 성장을 시킨 뒤 그 이후엔 나의 일에 대해 어필하며 '나의 고객이 될 수 있는 방법'에 대해 소개해 주시는거죠. 그러다 보면 자연스럽게 브랜드의 의인화된 계정으로 전환이 가능할 것 같습니다. 처음부터 상업적인 성격의 계정으로 시작하시면 아마 계정 성장 난이도가 높아져 버려서 키우기 힘드실 거예요! 개인 계정 → 브랜드의 의인화된 계정으로의 플랜을 잘 짜 보시고 실천하시면 아마 좋은 결과를 얻으실 수 있을 거예요 ^^

Q. [브랜드 계정]

주얼리 브랜드를 운영하고 있습니다. 브랜드 계정을 만들려고 하는데 꼭 브랜드 관련 콘텐츠만 올려야 할까요? 너무 상업적인 콘셉트라 계정 성장이 잘 되지 않을까 걱정입니다.

A. 브랜드 계정으로 시작하여 어느 정도 고객이 생기게 되면 고객과 소통할 수 있는 콘텐츠, 그리고 우리 브랜드의 일상적인 콘텐츠도 함께 업로드하는 것이 좋습니다. 브랜드의 찐팬들이 관심을 가질 수 있을만한 콘텐츠를 말씀드리는 것인데요. 고객의 후기나 고객과의 소통 내용을 SNS에 공유하게 되면 브랜드에 호감이 있는 고객에게 긍정적인 반응을 얻을 수 있거든요. 또한 신상품을 준비하는 모습, 상품 제작이나 발송 과정, 회의와 시장 조사하는 모습 등의 일상을 계정에 노출하게 되면 고객에게 상품에 대한 기대감을 줄 수 있어 직접적/간접적으로 좋은 반응을 얻을 수 있게 됩니다. 물론 이런 운영 방식은 '좋은 제품력'을 기반으로 이루어지기 때문에 브랜드의 제품력에 대한 부분도 함께 고민을 해보시는 것이 좋겠습니다.

Q. [브랜드 계정]

쇼핑몰을 운영중입니다. 오피셜 계정과 일반 계정 두 개를 따로따로 만들어 관리하고 싶은데 어떤 것을 먼저 만들고 인스타그램을 관리하는 것이 좋을까요?

A. 두 가지 계정을 만들 계획이시라면 일단 일반(홍보)계정을 먼저 만드시는 것을 권장 드립니다. 의류 쇼핑몰 홍보의 경우 내 라이프스타일 속 녹아 있는 판매 제품들을 자연스럽게 어필하는 식으로 콘텐츠를 생산하시는 것이 도움이 되기 때문이에요. 예를 들면, '저는 오늘 바다를 다녀왔어요. 이때 입은 원피스가 바다 분위기랑도 잘 어울리고 착용하기 편해서 좋았답니다! 원피스는 저희 쇼핑몰에서 구매할 수 있어요~' 이런 식으로 내 일상 속에서 자연스럽게 제품을 어필하는 건데요. 이렇게 일반 계정을 먼저 운영하며 추이를 보시다가 추후 필요성이 느껴질 때 브랜드 계정을 만들어도 늦지 않습니다^^

이렇게 콘셉트를 잡을 때 고민이 될 수 있는 다양한 상황과 해결 방안을 정리해 보았다. 여기서 나는 어떤 상황에 해당되는지 살펴보고 방향성을 정해보도록 하자.

오랫동안 사랑받는 콘텐츠 만들기

· · · · ·

콘셉트와 방향성을 잡았다면 이제 '꾸준히 콘텐츠를 업로드하는 것'이 중요하다. 이를 위해 어떤 콘텐츠를 만들지 고민을 하게 되는데 특히 브랜드 계정에서는 어떤 콘텐츠를 올려야 하는지 감이 오지 않거나 막막해하는 경우가 많다. 브랜드 계정에서 꾸준히 올릴 수 있는 콘텐츠의 유형에 대해 알아보겠다.

1. 고객 / 인플루언서 후기 업로드형

고객이 내 제품을 사용하고 올린 후기나 인플루언서에게 협찬을 제공하고 인플루언서가 올린 게시물을 내 계정에 업로드하는 방법이다. 후기 콘텐츠의 질이 괜찮고 내용이 구체적이라면 리그램을 하여 내 피드에 게시물 형태로 업로드를 하는 것이 좋고 가벼운 느낌의 후기는 스토리에 공유하기를 권장한다.

피드 게시물에 후기를 올릴 때에는 이미지가 깔끔한 후기 위주로 올리는 것이 좋다. 후기 이미지일지라도 이미지가 깔끔하지 않으면 계정 전체의 분위기(피드의 전체적인 분위기)를 해칠 수 있기 때문이다. 이미지가 깔끔하지 않지만 내용이 영업적으로 도움이 되는 후기, 고객과 나눈 대화 내용 등의 콘텐츠는 스토리로 올리는 것을 권장한다. 그럼에도 불구하고 피드 게시물에 올리고 싶은 내용이 있다면, 해당 피드 게시물의 첫 이미지. 즉, 썸네일은 깔끔한 이미지를 선택하고 그 이후에 내가 올리고 싶은 후기 이미지를 넣어서 업로드하면 된다. 이렇게 하면 원하는 내용을 담으면서도 피드 전체의 분위기를 해치지 않을 수 있다.

이러한 후기 콘텐츠를 올리기 위해서는 내 제품이나 서비스를 이용한 사람들의 후기가 많아야 한다. 초기에는 후기 이벤트를 진행하거나 인플루언서 협찬 진행을 통해 업로드할 수 있는 후기 콘텐츠 거리를 만드는 것이 좋다.

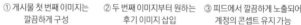

① 게시물 첫 번째 이미지는 깔끔하게 구성

② 두 번째 이미지부터 원하는 후기 이미지 삽입

③ 피드에서 깔끔하게 노출되어 계정의 콘셉트 유지 가능

※ 음식점에서는 후기 콘텐츠를 만들기 위해 음식 사진과 해시태그를 단 게시물 업로드 시 음료수 또는 사이드 메뉴를 증정하는 이벤트를 진행하기도 한다.

> ex. SNS에 인증샷+해시태그 넣어서 포스팅 후
> 직원에게 보여주시면 음료수 서비스

2. 정보성 콘텐츠

'연애의 과학' 계정에서는 '~한 남자의 특징', '~한 연애에서 지켜야 할 법칙' 등 연애를 주제로 사람들이 관심을 가질 만한 정보성 콘텐츠들을 업로드한다. 콘텐츠의 내용을 살피다 보면

'더 자세한 내용을 알고 싶다면 프로필 링크를 클릭하여 APP을 다운받아 보세요'라는 내용으로 이어진다. 흥미로운 콘텐츠로 잠재 고객을 모은 뒤 본래의 목적인 'APP 다운받기'로 클릭을 유도하는 것이다.

'연애의 과학' 계정

◀ 정보성 콘텐츠의 예시

이처럼 정보성 콘텐츠는 일반적인 대중들이 관심을 가질 만한 흥미로운 소재를 바탕으로 브랜드 계정의 홍보 내용을 간접적으로 내포해 콘텐츠를 제작한다.

해당 내용에 흥미를 느낀 사람들이 유입되는 경우가 많기에, 내용이 충실하고 재미있다면 이용자들은 거부감 없이 콘텐츠를 소비하고 자연스럽게 주변 사람들에게 공유한다. 좋아요와 댓글, 저장, 공유 등을 받기에 용이한 콘텐츠 방식이고,

검색 유입뿐만 아니라 탐색탭을 통한 유입도 많기에 다른 콘텐츠에 비해서 노출과 확산이 빠르게 이루어지는 편이다.

주로 교육이나 학원사업 등의 브랜드 계정에서 업로드하기 용이한 형태이며 '~하는 꿀팁', '~여행지 추천' 등의 형태로 활용이 가능하다. 이러한 정보성 콘텐츠는 '더 자세한 내용은 프로필 링크를 참고하세요!', '함께 가고 싶은 친구를 태그해 보세요'와 같은 문구로 팔로워들에게 2차 반응을 유도하기도 좋다.

▲ 프로필 링크로 유도하는 게시물의 예시　　▲ 친구 태그 유도 게시물의 예시

3. 스토리형 콘텐츠

◀ 스토리형 콘텐츠의 예시

콘셉트 잡는 방법에 대한 내용을 다룰 때, 브랜드 계정에서도 브랜드의 일상적인 내용을 올리는 것이 좋다고 이야기한 바 있다. 위의 예시가 이 같은 경우이며, 상품 발송을 위해 작업 중인 모습을 콘텐츠로 업로드하였다.

이처럼 브랜드에서 영업을 준비하거나 상품을 준비하는 모습, 브랜드의 일상을 업로드하는 것은 상업성을 띠는 브랜드 계정에 '사람냄새'가 나는 효과를 줄 수 있다. 스토리형 콘텐츠를 활용하면, 잠재 고객이나 팔로워들에게 브랜드에 대한 친밀감을 높일 수 있으며 내가 어필하고자 하는 내용을 간접적이면서도 보다 효과적으로 전달할 수 있다.

질문하기	게시물에 질문을 올려 소통을 유도하세요
고객을 강조하기	기존 고객에게 감사의 표시를 하거나 혜택을 제공하세요
비하인드 스토리	사람들이 일반적으로 접하기 힘든 비즈니스의 비하인드 스토리를 소개하세요

인스타그램에서는 브랜드 계정에서의 지속 가능한 콘텐츠를 위와 같이 소개하고 있다. 여기서 '비하인드 스토리'에 대한 내용이 스토리형 콘텐츠라고 할 수 있다.

앞서 이야기한 세 가지 콘텐츠 유형을 간략하게 표로 정리하자면 다음과 같다.

후기 업로드형	- 고객 후기를 리그램 하거나 스토리에 공유 - 사용하고자 하는 후기 콘텐츠가 깔끔하지 않아 피드의 분위기를 해칠 경우, 첫 이미지인 썸네일을 깔끔하면서도 연관된 이미지로 설정 후 다음 이미지부터 원하는 후기 콘텐츠로 구성 - 후기가 많이 없는 상태에선 이벤트를 통해 후기 게시물 만들어 놓기
정보성 콘텐츠	- 주로 교육이나 학원 사업 등에서 많이 사용하는 형태 - 흥미로운 주제를 다루지만 그 안에 '홍보' 목적이 숨어있는 형태 - 2차 반응 유도 필수
스토리형 콘텐츠	- 영업 준비, 상품 준비 등의 모습 - 브랜드의 일상을 소개하지만 그 안에 '홍보' 목적이 숨어있는 형태

지속 가능한 콘텐츠의 유형에 대해 제대로 이해했다면, 같은 소재를 후기 업로드형, 정보성 콘텐츠, 스토리형 콘텐츠 이 세 가지 형태로 표현할 수 있어야 한다. 물론 세상의 모든 주제를 이 세 가지 형태로 분류하긴 어렵겠지만 아래의 예시를 통해 같은 내용을 여러 유형의 콘텐츠로 표현할 수 있는 방법을 알아보자.

콘텐츠 주제 : 우리 매장은 청결합니다.	
후기 업로드형	깔끔한 매장 분위기에 만족스러워하는 고객의 후기 업로드를 통해 우리 매장은 청결하다는 점을 어필할 수 있다.
정보성 콘텐츠	청결하지 않은 매장의 위험성에 대해 설명하고 우리는 매장을 어떻게 청결하게 관리하고 있는지에 대해 어필한다.
스토리형 콘텐츠	우리 매장이 영업 준비를 할 때 어떻게 청결도를 신경쓰는지에 대해 소개하며 우리 매장이 청결하다는 점을 어필할 수 있다.

콘텐츠의 질을 높이는 확실한 방법

· · · · ·

내 계정의 콘셉트를 어떻게 정해야 하는지, 어떤 유형의 콘텐츠를 올릴 수 있는지에 대해 알았다면 이제 콘텐츠의 질을 향상시키기 위한 노력이 필요하다. 콘텐츠 질 향상을 위해선 기본적으로 사진이나 영상을 잘 찍을 수 있는 능력이 요구된다. 이 부분은 인스타그램 계정 관리와 조금 다른 영역이 될 수도 있어 많은 내용을 다루긴 어렵지만, 인스타그램에서 지켜야 할 기본적인 부분에 대해서만 소개해 보도록 하겠다.

인스타그램에 올라갈 사진을 잘 찍기 위한 방법에는 여러 가지가 있다. 당장 유튜브에 검색만 하더라도 사진을 잘 찍기 위한 수많은 팁을 찾아볼 수 있을 것이다. 그래서 사진을 잘 찍는 기술보다는 사진 촬영을 할 때 초보자들이 흔히 실수하는 몇 가지 부분과, 유의해야 하는 부분에 대해서만 짚고 넘어가도록 하겠다.

1. 진지함은 덜고 다양성을 더하기

일상 계정을 예로 들어, 매번 똑같은 구도와 똑같은 표정, 똑같은 모습으로 사진을 찍어 올린다면 팔로워들은 아마 지루함을 느낄 것이다. 일상을 소재로 하더라도 다양성을 느낄 수 있도록 촬영을 하는 것이 좋다. 나의 셀카를 올린다고 했을 때 매번 같은 표정보다는 다른 표정을 연출하는 것이 좋으며, 매번 같은 배경의 사진보다는 '먹고 있는 사진', '책 읽고 있는 사진', '쇼핑하는 사진' 등 다양한 상황에서의 모습을 연출하는 것이 좋다.

2. 인스타그램의 기본 보정 기능 활용해 보기

인스타그램에는 기본적으로 사진을 보정할 수 있는 기능들이 있다. 지금까지 아무 보정 없이 게시물을 업로드하고 있었다면, 이제부터는 게시물 업로드 시 사용할 수 있는 기본 보정 기능을 활용해 보자.

▲ 인스타그램 기본 보정 기능

    음식이나 풍경 사진은 사진에서의 색감이 최대한 드러날 수 있도록 하는 것이 좋다. 음식 사진에서 계란 노른자의 '노릇노릇함'이나 풍경 사진에서 나뭇잎의 '푸릇푸릇함'은 이러한 보정 작업을 통해 극대화될 수 있다. 기본적인 보정 법칙을 지키는 것만으로도 좀 더 눈에 들어오는 콘텐츠를 만들 수 있기 때문에 간단한 보정 방법은 반드시 숙지하도록 하자.

왼쪽의 사진은 보정을 하지 않은 상태이며, 오른쪽의 사진은 기본적인 보정 작업을 한 상태이다. [밝기 높이기 / 대비 낮추기 / 채도 높이기] 이 세 가지 과정만 거쳐도 눈에 들어오는 사진을 만들 수 있다. 만약 초보자라면 이 세 가지 기능을 활용하여 콘텐츠를 보정해 보도록 하자. 그리고 이 과정에 익숙해지면, 좀 더 다양한 보정 방법을 공부해 콘텐츠의 질을 더욱 높여보기를 권장한다. 더 자세하고 전문적인 보정 방법이 궁금하다면 유튜브에 '사진 보정'을 검색해 보자.

3. 좋은 사진을 건지기 위해 노력하기

사진을 찍는 것이 너무 어렵다며 고민을 토로하는 수강생이 있었다. 수강생의 피드를 살펴보니 콘텐츠의 질적인 부분이 많이 부족해 보였다. 그래서 수강생에게 한 가지 질문을 던졌다.

나 : 하나의 콘텐츠를 업로드하기 위해 평균적으로 몇 장의 사진을 촬영하시나요?

수강생 : 음… 5장…?

우리가 접하는 많은 콘텐츠들은 '결과'에 해당하는 것들이라 콘텐츠 제작 과정에 대해 자세히 알 수는 없다. 그러나 사람들의 좋은 반응을 얻고 있는 콘텐츠들은 수많은 '과정'을 통해 얻어진 결과일 수 있다는 점을 명심해야 한다. 그렇다면 좋은 사진을 건지기 위해 어떠한 과정들을 거쳐야 할까? 아래의 사진은 협찬받은 음식을 촬영한 것이다. 이 사진을 촬영하기 위해 나는 여러 가지 과정들을 거쳤는데, 이후 내용을 참고하여 콘텐츠 촬영을 위해 어떤 노력을 할 수 있을지 스스로 생각해 보자.

1) 사진을 찍기 전 내가 업로드할 예정인 콘텐츠와 관련이 있는 해시태그에 들어간다. 인기 게시물을 확인한 후 어떤 구도로 촬영할지에 대한 아이디어를 얻는다.

→ 위의 음식 사진에서는 깻잎을 플레이팅 하는 방법에 대한 아이디어를 해시태그에서 얻었다.

2) 촬영에 필요한 소품이 있다면 구매한다.

→ 깔끔한 톤의 식기라든가 식탁 매트, 혹은 물건 사진이나 인물 사진의 배경으로 활용할 수 있을 만한 배경천 등은 다이소나 온라인 몰에서 만 원 이하의 가격으로도 구매가 가능하다. 좋은 사진을 건지기 위해서 소품 구매 비용 정도는 아끼지 않아야 한다. 위의 음식 사진에서는 음식이 주제였지만 음료나 술 등을 추가로 구매하여 연출하였다.

3) 괜찮은 사진을 건지기 위해서는 한 가지 구도로 촬영하기보단 여러 구도로 촬영하는 것이 좋다. 그러다 보면 상황이나 대상에 따라 어떤 구도로 사진을 찍는 것이 제일 괜찮은지에 대해 어느 정도 감을 잡을 수 있다.

→ 위의 음식 사진을 찍기 위해 그릇의 위치를 여러 번 바꾸기도 했고 음료의 경우 세워서 찍기도 하고 눕혀서 찍기도 하였다.

4) 총 촬영컷 : 최소 50장 이상

→ 여러 소품과 구도를 사용하게 되면 자연스럽게 촬영 컷이

늘어난다. 물론 숙련도가 쌓이게 되면 비교적 적은 컷수로 촬영을 하더라도 괜찮은 사진을 건질 수 있다.

내 콘텐츠에 부족함을 느끼고 있다면, 콘텐츠의 질을 높이기 위해 얼마나 노력을 했는지 한번 돌아볼 필요가 있다. 이런 노력의 과정을 반복하다 보면, 괜찮은 콘텐츠를 만들기 위한 과정들이 습관화되어 나중에는 자연스럽게 질 높은 콘텐츠를 제작할 수 있을 것이다.

4. 다양한 사진 비율을 적절히 활용하기

콘텐츠에 대해 이야기를 하다 보면 사진의 '비율'에 대해서도 고민을 하게 된다. 인스타그램에서는 1:1, 3:4, 9:16 등 다양한 비율의 콘텐츠를 올릴 수 있다. 이 중에 가장 최적의 비율은 무엇일까?

사실 모든 상황에서 적용될 수 있는 절대적인 비율은 찾기가 어렵기 때문에 '황금비율'에 대해 답을 할 수는 없다. 그러나 상황에 따라 사용하기 적합한 콘텐츠의 비율을 이해하고 이를 적절히 활용한다면 좋은 반응을 얻을 수 있을 것이다.

비율	콘텐츠 유형
1:1	피드 게시물
3:4	피드 게시물, 스토리
9:16	스토리, 릴스

① 1:1 비율 : 피드 게시물에 업로드할 수 있는 기본적인 비율이며, 일반적으로 사용자들이 가장 많이 사용하는 비율이다. 대부분의 인스타그램 영역에서 썸네일로 사용되고 있는데, 홈탭을 제외한 탐색탭이나 해시태그에서 보여지는 썸네일이 1:1 비율로 사용되고 있다. 게시물을 1:1비율로 업로드하게 되면, 자연스럽게 탐색탭이나 해시태그에서 보여지는 썸네일을 고려하여 업로드하게 되는 것이다. 그래서 인스타그램 초보자라면

【1:1 비율 예시】

▲ 항공샷 음식사진　　　▲ 인물 사진　　　▲ 정보성 콘텐츠

1:1 비율로 게시물을 업로드할 것을 권장한다. 특히 항공샷으로 대상을 촬영하거나 상반신 위주의 인물사진을 촬영한 경우는 1:1 비율로 업로드하기에 적절하다.

그러나 1:1 비율은 프로필 피드, 탐색탭, 해시태그의 썸네일로 보여지는 영역에서는 훌륭한 비율이지만 경우에 따라서는 조금 답답한 비율로 느껴질 수 있다는 단점이 있다. 다음 사진을 비교해 보자.

▲ 여백이 부족하여 답답해 보임

▲ 위 아래로 충분히 여백을 주어
시선이 오래 머무를 수 있는 효과가 있음

우리가 인스타그램을 보게 되는 주된 기기인 휴대폰은 세로로 긴 비율을 가지고 있다. 그렇기 때문에 세로로 긴 형태인 휴대폰 화면에 최대한 꽉 찬 콘텐츠일수록 눈에 더 잘 띌 수밖에 없다. 그래서 홈탭 영역이나 탐색탭을 확대하여 콘텐츠를 볼 때에는 1:1 비율보다 3:4 비율이 눈길을 끌기에 좋다. 특히 데일리룩을 찍을 때 주로 사용하는 전신샷 구도나 하늘이 포함된 풍경사진 등은 1:1 보다 3:4 비율을 사용하는 것이 좋다.

② **3:4 비율** : 3:4 비율은 세로로 긴 형태이기 때문에 홈탭 영역이나 탐색탭 영역에서 게시물을 자세히 탐색하고자 할 때 주목을 받을 수 있는 비율이다.

【3:4 비율 예시】

▲ 전신샷   ▲ 풍경사진

그러나 3:4 비율은 1:1 비율보다 고려해야 할 사항이 많기 때문에 반드시 주의해서 사용해야 한다. 아래의 예시를 참고해 보자.

▲ 3:4 비율의 게시물　　　▲ 3:4 비율의 게시물 썸네일 모습

3:4 비율로 봤을 때에는 눈에 잘 띈다고 생각했던 게시물이 썸네일에서는 1:1 비율로 보여지면서 대상이 잘려 보이는 경우가 있다. 이러한 썸네일이 다른 정상적인 비율의 게시물과 함께 노출이 될 경우 한눈에 들어오지 않기 때문에 오히려 노출에 방해가 된다. 그래서 3:4 비율을 사용할 경우에는 반드시 1:1 썸네일 비율로 봤을 때 어떻게 보여지는지를 고려하여

하루 30분, 인스타그램으로 월 200만원 더 번다

콘텐츠를 제작할 필요가 있다. 3:4 비율로 사진을 촬영할 때 대상이 가운데에 위치하도록 촬영하면 1:1 비율의 썸네일에서 대상이 잘려보이는 불상사를 어느 정도 막을 수 있다.

▲ 썸네일(1:1비율) 노출을 고려한 3:4 비율 게시물의 예시

③ **9:16 비율** : 인스타그램 스토리 또는 릴스 영역에서 볼 수 있는 비율이다. 휴대폰 화면에 꽉 차는 비율로, 콘텐츠를 시청할 때 몰입감을 선사할 수 있다. 그러나 릴스를 프로필 피드에 공유했을 때의 썸네일을 함께 고려해야 하기 때문에 영상을 촬영할 때 썸네일 노출에 대한 부분을 신경쓸 필요가 있다.

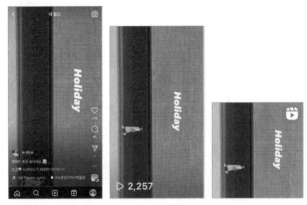

▲ 릴스 영상 / 릴스 썸네일 / 릴스를 프로필 피드로 공유했을 때의 썸네일 모습의 예시

예시에서 보면, 릴스 영상과 릴스 썸네일의 화면 비율은 9:16이다. 하지만 릴스를 프로필 피드로 공유하게 되면 1:1 비율로 썸네일 노출이 된다. 9:16 비율로 릴스를 촬영했어도 썸네일은 1:1 비율로 노출이 되기 때문에 릴스 촬영 시 9:16 기준으로 제작하되, 피드에 공유할 생각이라면 1:1 비율에서의 모습도 고려해야 한다.

④ **4:3, 16:9 비율** : 가로로 긴 비율의 경우 인스타그램에서 그다지 주목을 받기에 좋은 비율은 아니다. 앞서 말했듯이 휴대폰은 세로로 긴 형태라, 가로로 긴 콘텐츠는 사람들의 눈길을

끌기 어렵기 때문이다. 그래서 되도록이면 해당 비율은 지양하는 것이 좋으나 만약 내가 가로로 긴 비율의 콘텐츠를 반드시 사용해야 한다면, 다음과 같이 콘텐츠를 가공하여 사용하도록 하자.

① 가로로 긴 형태의 콘텐츠를 세로로 회전하여 업로드

② 가로로 긴 형태의 여러 콘텐츠를 하나로 콜라주 하여 업로드

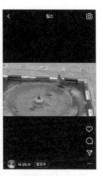
③ 가로로 긴 형태의 콘텐츠에 여백을 두어 업로드

※ ③번 콘텐츠의 경우, 게시물의 여백이 프로필 피드에서 썸네일 형태로 봤을 때에도 깔끔해 보일 수 있는지 고려해야 한다.

INSTAGRAM MARKETING

4

PART

인스타그램은
사진 플랫폼이 아니다

한 줄의 글이 승패를 가른다

· · · · ·

초기에 인스타그램은 사진 한 장으로 소통하는 SNS로 이름을 알려 왔다. 그러나 시간이 흐를수록 콘텐츠 중심의 플랫폼을 넘어 관계 중심의 플랫폼으로 변화됨에 따라 '사람 냄새 나는 콘텐츠'가 주목을 받기 시작했다. 이러한 흐름에 따라 글쓰기는 콘텐츠의 아주 중요한 요소 중 하나가 되었다. 인스타그램에서 게시물을 업로드할 때 글쓰기는 아래와 같은 역할을 할 수 있다.

1. 소통의 부재로 인한 팔로워 이탈률 감소
2. 댓글 증가
3. 반응 유도에 용이

그렇다면 어떤 글쓰기를 해야 인스타그램에서 좋은 반응을 얻을 수 있을까? 만약 내가 작가와 같은 글쓰기 실력을 가지고 있다면 별다른 노력을 하지 않아도 좋은 반응을 얻을 수 있을 것이다. 그러나 그렇지 않은 대부분의 사람들은 다음 세 가지 요건이 충족되는 글을 작성하기를 권장한다.

① **사진에 대한 설명** : 전시회를 보러 가면 전시 작품 근처에 작품 해설이 붙어있는 모습을 본 적이 있을 것이다. 관람객들은 해설을 읽으며 작품을 깊게 이해하고 감상한다. 인스타그램에서의 글쓰기도 이와 같은 맥락에서 중요하다. 사진으로 구성된 게시물에는 반드시 이 사진이 무엇인지, 무엇을 의미하는지, 무엇을 의도했는지 등에 대해 소개하는 것이 좋다. 그래야 내가 어떤 의도로 게시물을 올렸는지 팔로워들이 빨리 인식할 수 있기 때문이다.

② **소통형 말투** : 글을 작성할 때 일기처럼 쓰는 것도 좋지만 누군가와 대화하는 듯한 말투를 사용하는 것도 좋다. 특히 내 팔로워들과 원활하게 소통을 할 목적이거나, 게시물 내에서 나의 고객들과 교류하는 것이 목적이라면 반응을 유도하기 쉬운 소통형 말투를 사용하기를 권장한다.

③ **짧은 단상이나 느낌** : 인스타그램은 일상과 연관된 SNS이기 때문에 게시물에서 사람 냄새가 날수록 좋은 반응을 얻을 수 있다. 사람 냄새를 풍기려면 글의 내용에 나의 느낌이나 생각들을 포함하는 것이 좋다.

위의 예시는 지금까지 소개한 올바른 글쓰기의 세 가지 요건을 모두 충족한 게시물이다. 내가 광고하고자 하는 것이 무엇인지 소개하고 있으며, 소통형 말투를 사용하였다. 또한 짧은 단상이나 느낌을 글에 표현하여 팔로워들의 공감을 일으키고 의견을 주고받는 등의 반응이 일어날 수 있도록 하였다. 글쓰기를 신경 썼을 때 얻을 수 있는 효과를 잘 이해하고 적용한 예시라고 할 수 있겠다. 좋은 예시를 살펴보았으니 좋지 않은 예시를 한 번 살펴보자.

예시를 보고 댓글로 어떤 반응을 보일 수 있을지 생각해 보자. 해당 예시처럼 설명 없이 사진만 게시한다고 했을 때, 팔로워의 입장에서는 어떤 반응을 보여야 할지 애매하고, 반응을 보인다 해도 할 수 있는 표현이 한정적이다.

이 예시에 사진에 대한 설명, 소통형 말투, 짧은 단상이나 느낌을 적용해 적절한 글을 덧붙여 보자. '서행'이라는 단어 대신 '어제 한강에서 라이딩을 하다가 찍은 사진이에요. 절대 서행이라는 표지판을 못 보고 속도 내서 달리는 바람에 하마 터면 크게 넘어질 뻔했네요.' 라는 글을 작성해서 게시물을 업로드했다면, 아마 팔로워들의 공감을 자극해 다양한 반응을 이끌어내는 데 성공했을 것이다.

날이 점점 쌀쌀해지네요.
문득 하늘을 보니 단풍이 물들어 있었어요!

잠시 잊고 있던 사이에 물들어 버린 단풍,
이 순간을 오래 간직하고 싶어 찍었어요.

겨울을 맞아 방안에 따뜻한 느낌을 주고자
만들어본 캔들이에요.

이 작업물 만드신 수강생분들이
집들이 선물로 좋을 것 같다며
만족스러워 하셨어요☺

위의 게시물에서는 이 사진을 왜 찍었고, 이 작업물을 왜 만들었는지. 그리고 콘텐츠를 만들며 어떤 생각이나 느낌이 들었는지에 대한 내용을 확인할 수 있다. 좋은 반응이 오는 게시물은 팔로워에게서 반응을 이끌어 내는 게시물이다. 게시물을 올리기 전에 팔로워의 입장에서 그 게시물을 한번 들여다보자. 만약 마땅한 반응이 생각나지 않는다면, 그 글은 그리 잘 쓴 글이 아니다.

더불어 인스타그램의 글은 무조건 간결하고 깔끔한 게 좋다. 길고 장황한 글은 차라리 쓰지 않느니만 못하다. 읽기도 전에 지쳐버리고 말기 때문이다.

위의 두 가지 게시물은 같은 내용을 담고 있지만 왼쪽 게시물은 글씨가 빽빽해서 가독성이 떨어진다. 읽고 싶은 게시물을 만들기 위해서는 오른쪽처럼 적절한 줄바꿈을 해 주어야 하며, 내가 쓴 글을 한번 소리내어 읽어보고 중복되는 단어는 삭제하거나 두 문장을 하나로 합치는 등의 첨삭 과정을 거쳐야 한다.

인스타그램 내에서는 글 작성 시 줄바꿈이 마음대로 되지 않는다. 그래서 대부분의 유저들은 문장과 문장 사이에 온점(.)을 찍거나, 다른 사이트에 글을 작성한 후 복사 → 붙여넣기를 하는 방법을 사용한다.

'인스타공백닷컴'이라는 사이트를 이용하면 게시물에 원하는 만큼의 줄바꿈을 사용할 수 있으니, 이를 활용하여 한눈에 들어오는 깔끔한 글을 작성해 보자.

글쓰기 시 놓쳐서는 안 되는 또 하나의 주의사항은 바로 '내 게시물이 스팸처럼 보이지는 않는지' 고민해 보는 것이다. 잘못하면 내가 올린 게시물이 다른 사람에게는 스팸메일과 같이 느껴질 수 있다. 다음의 게시물을 살펴보자.

내 글이 스팸처럼 보이고 있지는 않나요?

▲ 뷰티샵 홍보 게시물의 예시

뷰티샵을 운영하는 브랜드 계정에서 업로드한 홍보 게시물이다. 브랜드의 입장에선 반드시 고객에게 안내해야 하는 사항이라고 여겨 게시물마다 서비스의 가격과 할인 내역을 기재해 놓았다. 하지만 팔로워 입장에서는 피드에서 매번 같은 내용을 봐야 하기 때문에 게시물 자체가 스팸메일처럼 느껴질 수 있다. 브랜드 입장에서 반드시 안내해야 하는 내용이지만 반복적으로 노출했을 때 고객이 피로도를 느낄 수 있는 내용이라면, 다른 경로를 통해 안내하는 것이 좋다.

브랜드 계정에서 중요하게 다뤄야 하는 공지사항과 같은 내용들은 피드에 한 번 올린 뒤 고정 기능을 통해 상단에 고정시켜놓거나 스토리에 공유한 뒤 하이라이트로 저장시켜 놓는 것이 좋다. 이런 기능들을 활용하면, 브랜드는 반복적인 노출 없이 편리하게 정보를 제공할 수 있으며, 고객은 궁금한 정보들을 쉽게 찾을 수 있다는 장점이 있다.

▲ 고정 기능을 사용해 피드 상단에
게시물을 고정시켜 놓은 예시

▲ 스토리에 공유한 뒤
하이라이트로 저장해 놓은 예시

릴스를 이용하여
성장에 부스터를 달자

· · · · ·

릴스란, 인스타그램에서 제공하는 숏폼 콘텐츠로 15~30초 내의 짧은 영상을 말한다. 영상 콘텐츠는 인스타그램에서 직접 촬영하여 업로드해도 되지만, 초보자라면 영상 편집 전용 어플의 도움을 받는 것이 좋다.

찍고 싶은 영상을 자유롭게 찍어 올려도 좋고 앱에서 재미있는 효과를 활용하여 촬영을 해도 괜찮으며, 요즘 유행하는 챌린지형 콘텐츠나 재미 요소를 가미하게 되면 더 많은 관심을 끌 수 있다. 숏폼 콘텐츠의 관심이 늘어나면서, 인스타그램에서도 릴스의 노출이 점차 늘어나고 있는 추세다. 영상 제작에 대해 더 자세히 알고 싶다면 다음의 QR코드를 참고하도록 하자.

◀ 챌린지 영상 만들기

이러한 챌린지 영상은 단순 재미나 일상적인 요소로 활용 되지만 내가 어필하고자 하는 내 계정의 콘셉트나 상업성에 맞게 활용할 수도 있다.

【활용할 수 있을 만한 릴스의 주제】

---

1. 내가 판매하는 물건
2. 내 제품을 구매한 고객의 후기
3. 나의 콘셉트에 맞는 콘텐츠

패션 관련 계정을 운영하고 있다면 OOTD(오늘의 착장) 콘셉트로 옷을 입은 채 여러 포즈를 취하는 짧은 영상을 제작할 수 있겠고, 맛집 관련 계정을 운영하고 있다면 음식을 다양한 각도에서 찍거나 맛있게 먹는 모습을 촬영해 제작하면 된다. 내가 브랜드 계정을 운영하고 있다면 제품을 구매한 고객들의 후기를 여러 개 엮어 릴스를 제작하는 것도 좋은 소재가 될 수 있다. 이 외에도 릴스의 소재로 쓰일 수 있는 아이템들은 무궁무진하다.

▲ 탐색탭에 뜬 릴스 게시물 예시

릴스를 잘 만드는 방법의 핵심은 '내가 어필하고 싶은 부분을 어떻게 어필하여 콘텐츠를 만드느냐'이다. 이를 잘 파악하기 위해서는 다른 사람들이 어떤 주제로 어떻게 콘텐츠를 만드는지 많이 찾아보는 것이 중요하다. 여러 콘텐츠들을 참고하다 보면 내 계정에는 어떤 릴스 콘텐츠가 어울릴지 조금씩 감이 잡힐 것이다.

릴스가 등장한 이후, 인스타그램 내에서 릴스를 다른 게시물보다 더 밀어주는 경향이 있다. 탐색탭이나 해시태그 영역에서 릴스 콘텐츠가 눈에 띄는 별도의 영역을 차지하고 있는 것을 봤을 때 릴스가 다른 게시물보다 노출에 유리하다고 보는 것이다. 릴스는 짧은 시간 안에 많은 사람들의 관심을 끌기 좋다는 장점을 가지고 있다. 릴스의 이러한 장점을 잘 활용하면 단기간에 계정을 성장시킬 수 있으니, 영상에 자신이 있다면 반드시 릴스를 공략해 보도록 하자.

스토리를 활용해 관계 만들기

· · · · ·

인스타그램의 스토리 기능은 팔로워들과의 소통에 있어서 굉장히 중요한 역할을 한다. 스토리를 통해 다양한 유입을 발생시킬 수 있기 때문에 상황에 따라 게시물보다 스토리를 더 자주 활용해야 할 때도 있을 것이다. 지금부터는 스토리의 대표 기능들과 따라하기 좋은 스토리 게시물의 예시들을 소개해보도록 하겠다.

#스토리의 기능

스토리 게시물의 다양한 기능을 사용하고 싶다면 스토리 편집 페이지 상단의 버튼을 누르면 된다. 스토리는 다음과 같은 방식으로 다양하게 활용 가능하다.

1. 질문 / 설문 / 퀴즈

팔로워들의 반응을 얻어낼 수 있는 대표 기능인 질문, 설문, 그리고 퀴즈이다. 객관식, 주관식의 반응을 얻을 수 있어 개인 계정과 브랜드 계정 모두 사용하기 좋은 기능이다.

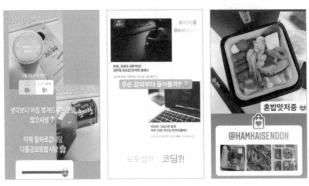

▲ 소통하는 인스타그램 스토리의 예시

2. 링크

스토리에는 계정 태그나 해시태그를 하는 것 말고도 외부 로 유입이 되는 링크를 태그할 수 있다. 인스타그램 게시물에서 글쓰기를 할 때에는 하이퍼링크가 되지 않지만 스토리에서는 하이퍼링크가 가능하기 때문에 필요에 따라 링크 태그를 적절히 활용하는 것이 좋다.

▲ 스토리 링크 태그 예시

3. 라이브 방송에 스토리를 활용

만약, 팔로워들과의 친밀도를 높이기 위한 목적으로 라이브 방송을 활용해 소통을 진행하려 한다면, 다음 두 가지의 스토리 기능을 사용해 보자.

① **카운트다운** : 라이브 방송 일정에 대해 팔로워들에게 알릴 때 활용하면 좋다.

② **질문** : 방송을 진행하기 전, 팔로워들에게 다양한 질문을 받은 뒤 해당 내용을 바탕으로 라이브 방송을 진행할 수 있다.

▲ 라이브방송 준비 예시

INSTAGRAM MARKETING

5

던지면 물게 하는
콘텐츠 업로드 전략

콘텐츠 업로드에도 법칙이 있다

· · · · ·

블로그를 잘 키우기 위해선 1일 1포스팅을, 인스타그램을 잘 키우기 위해서는 1일 1피드를 올리라고 이야기하는 경우가 많다. 게시물의 노출도를 높이기 위해 흔히 사용되는 방법 중 하나가 바로 '1일 1피드'이기 때문이다. 그렇다면 1일 1피드는 노출을 높이는 데 얼마나 도움이 될까?

인스타그램 강의를 진행할 당시, 1일 1피드를 실천하는 수강생들을 많이 보았다. 꼭 필요해서 1일 1피드를 올리기보다는 '그렇게 해야만 할 것 같아서' 진행하는 경우가 대부분이었다. 무작정 매일 게시물을 올리겠다고 다짐하기보다는 다음 문항들을 참고하여 자기 자신에게 1일 1피드가 도움이 될 수 있을지를 우선 검토해보자.

1) 어떤 구도나 소품을 사용해야 인스타그램에 어울리는 사진을 찍을 수 있는지 머릿속으로 그려볼 수 있다.
2) 인물사진을 잘 찍기 위해 지켜야 할 법칙들에 대해 알고 있다.
3) 사진을 찍은 후 사진의 색감이나 밝기 등을 조절하는 보정 작업을 할 줄 안다.
4) 타 계정과는 다른 내 계정만의 감성이 있거나 차별적인 콘텐츠가 있다.

네 가지 항목에서 '매우 그렇다'에 해당할수록 1일 1피드가 도움이 될 가능성이 높다. 그러나 매일 콘텐츠를 올리는 것이 무조건적으로 계정 성장에 도움이 된다고 말할 수는 없다. 1일 1피드가 도움이 되기 위해서는 '매일 콘텐츠를 올려도 콘텐츠의 질이 저하되지 않아야 한다'는 조건이 충족되어야 하기 때문이다.

하루에 한 번 콘텐츠를 올리기 위해서는 업로드할 콘텐츠를 빠르게 제작해야 하는데, 그러다 보면 콘텐츠의 질이 낮아지고 그만큼 반응률이 떨어지는 결과를 낳게 된다. 1일 1피드로 콘텐츠의 양과 질, 두 마리의 토끼를 다 잡기는 쉬운 일이 아니다. 그리고 질 좋은 콘텐츠를 생산하기 위해 시간을 쏟느라 업로드 주기가 필요 이상으로 뜸해지는 것 또한 좋지 않다.

본인의 수준을 고려해 콘텐츠의 양과 질 사이에서 잘 타협하는 것이 가장 이상적이라고 할 수 있다. 다만 여기서 추가로 알아두어야 할 점이 있다. 바로 1일 1회 이상 콘텐츠를 올리게 되면, 오히려 노출에 방해가 될 수 있다는 점이다. 하루에 내 콘텐츠를 볼 수 있는 팔로워들의 양은 한정되어 있기 때문에 두 가지 이상의 콘텐츠에 팔로워들의 시선이 분산되면, 인스타그램이 내 콘텐츠의 반응률이 떨어진 것으로 인식할 수 있다는 점을 명심하자.

그렇다면 업로드하기 적절한 콘텐츠 개수의 기준은 무엇일까? 현실적으로 매일 콘텐츠 업로드가 어려운 사람은 '주 단위'로 업로드 주기를 정하는 것이 좋다.

GOOD	주 1회 업로드	부담없이 콘텐츠 제작 가능
BETTER	주 2~3회 업로드	부담없이 콘텐츠 제작 가능
BEST	최대 일 1회	콘텐츠의 질이 떨어지지 않는다는 전제

아직 콘텐츠 제작이 익숙하지 않다면, 초반에는 최소 주 1회 업로드를 목표로 한 후 차츰 개수를 늘리는 방법을 추천한다. 초반에는 무조건 많이 올리기보다는 일정한 주기를 가지고 꾸준히 올리는 것이 좋다.

주 1회 콘텐츠를 올린다는 것은 월 4회 콘텐츠를 올려야 한다는 뜻이다. 이때 매월 어떤 콘텐츠를 올릴 것인지 콘텐츠 주제를 미리 생각해 놓으면 제작이 한결 쉬워진다. 매주 콘텐츠의 개수를 정할 때 콘텐츠의 유형까지 함께 정해놓기를 추천한다.

【이번 달 콘텐츠 업로드 계획 예시】

콘텐츠 업로드 주기	주 3회
1주	게시물 2회, 릴스 1회 (원피스 데일리룩/반팔셋업 데일리룩/여름 반팔티 릴스)
2주	게시물 2회, 릴스 1회 (맛집 후기/여름 블라우스 데일리룩/00챌린지 릴스)
3주	게시물 3회 (00카페 방문 후기/여름 슬랙스 데일리룩/전시회 후기)
4주	게시물 2회, 릴스 1회 (원피스 데일리룩/선글라스 착용샷 데일리룩/전시회 후기 릴스)

나는 차주에 올릴 콘텐츠들을 이번 주에 미리 촬영하고 어느 요일에 어떤 콘텐츠를 업로드할지 구상해 놓는 편이다. 이렇게 계획을 세우다 보면, 나중에는 굳이 미리 계획하고 기록하지 않아도 콘텐츠를 업로드할 수 있는 경지에 다다르게 될 것이다.

브랜드 계정의 경우 다양한 종류의 콘텐츠를 올려야 한다면 콘텐츠 업로드 계획을 세우는 과정이 필수적이다. 어떤 주제, 어떤 유형의 콘텐츠를 올릴지에 대해 계획서를 작성한 후 부족한 점을 보완해 보도록 하자.

【○○식당의 이번 달 콘텐츠 업로드 계획 예시】

콘텐츠 업로드 주기	주 2회
1주	게시물 2회 (식당의 메뉴 사진/식당 인테리어 사진)
2주	게시물 1회, 릴스 1회 (식당의 시그니처 메뉴 소개/시그니처 메뉴 조리 과정 릴스)
3주	게시물 2회 (식당 신메뉴 소개/매장 외부 사진)
4주	게시물 2회 (식당 시그니처 포토존 소개/매장 오픈 전 사진과 오픈 준비 과정)

검토사항 : 고객의 후기와 반응, 고객과 나눈 이야기에 대해서도 공유해 보면 좋을 것 같다. 주 1회는 반드시 식당 메뉴의 사진이나 영상을 올리는 것이 좋을 것 같다.

위 내용으로 1일 1피드에 대한 부담감이 조금 사라졌으면 좋겠다. 꾸준히 게시물을 올리는 습관이 형성되지 않은 분들은 게시물 업로드를 꾸준히 하는 것에 대한 중요성을 의식하

하루 30분, 인스타그램으로 월 200만원 더 번다

는 계기가 되길 바란다. 이 다음에 해야 할 것은 바로 콘텐츠를 '언제' 올리냐는 것이다.

타겟에 맞는 게시물 업로드 시간 지키기

유튜브 계정 운영 전략에서는 업로드 시간의 중요성에 대해 강조하는 경우가 많다. 사람들이 유튜브를 가장 많이 시청하는 시간대에 본인이 제작한 영상을 업로드하라는 것인데, 이러한 내용은 인스타그램에도 해당이 된다. 내 팔로워들의 활동 시간이 가장 많은 때를 파악하여 해당 시간에 게시물을 업로드하게 되면, 게시물의 반응률을 높일 수 있다. 지하철 역 출구 앞에서 광고 전단지를 돌려 홍보를 한다고 가정했을 때, 사람들이 가장 많이 지나다니는 시간을 공략하여 전단을 돌려야 가장 효과적인 것과 같은 맥락이다.

그렇다면 내 팔로워들이 가장 많이 활동하는 시간을 어떻게 파악할 수 있을까? 내가 특정 타겟을 공략해 팔로워를 늘렸다면 해당 타겟의 라이프스타일을 파악하면 된다. 예를 들어, 나의 팔로워 타겟이 직장인들이라면 휴대폰을 사용하기 쉬운 출근시간(오전 7시~오전 9시), 점심시간(오전 11시~오후 1시), 퇴근시간(오후 6시~오후 8시)에 가장 활동량이 많다는 것을 예측할 수 있을 것이다. 학생 팔로워들을 공략하기 위해서는 학교에 있는 시간을 피해 올리는 것이 효과적이며, 육아맘을 타겟으로 게시물을 올린다면 아이를 재우고 난 후의 시간을 공략하는 것이 좋다. 더 나아가 특정 국가를 타겟으로 삼아 게시물을 올린다면 해당 국가의 시차를 고려하여 게시물을 올려야 할 것이다.

만약 내 팔로워들이 특정 타겟으로 이루어지지 않고 다양하게 분포되어 있을 경우 내 계정의 팔로워를 분석한 인사이트 자료를 참고하면 큰 도움이 된다. 일단 내 계정을 프로페셔널 계정으로 설정한 후 게시물의 인사이트를 분석해 보도록 하자.

조회 수 확인을 위한 프로페셔널 계정 설정

인스타그램 계정 운영을 통해 무언가를 얻고자 한다면 내 계정을 프로페셔널 계정으로 전환하는 과정이 필수적이다. 인스타그램에서 처음 계정을 만들면 일반 계정으로 자동 생성이 되는데, 이 일반 계정에서 프로페셔널 계정으로 계정 유형을 전환하게 되면 계정 운영 시 할 수 있는 것들이 많아진다.

◀ 프로페셔널 계정 설정

#프로페셔널 계정 설정을 통해 할 수 있는 것

① '인사이트'를 통한 계정 및 게시물 분석 가능 : 앞서 언급한 내 팔로워들의 활동 시간을 분석하는 것뿐만 아니라 내 팔로워(타겟)의 세부 분석, 게시물 분석과 유입경로 등을 확인할 수 있다.

② 브랜드의 홈페이지로서의 활용 : 홈페이지가 별도로 없는 브랜드의 경우 인스타그램 계정을 홈페이지처럼 활용할 수 있다. 내가 판매하는 제품이나 브랜드, 나의 매장 정보 등을 프로페셔널 계정의 다양한 기능을 통해 소개할 수 있다. 또한 세정에 연락을 취할 수 있는 기능부터 쇼핑태그까지 내 브랜드를 효과적으로 알릴 수 있는 여러 기능을 제공한다.

③ 광고 집행 : 프로페셔널 계정은 인스타그램에 광고 집행이 가능하다. 페이스북 웹사이트에서도 인스타그램에 광고를 집행할 수 있지만 인스타그램 앱을 사용할 때 더 간단한 방법으로 타겟을 설정하여 광고가 가능하다.

1. 크리에이터 or 비즈니스 계정 설정

프로페셔널 계정 설정 시 크리에이터와 비즈니스 계정으로 계정을 설정할 수 있다.

① **크리에이터 계정** : 크리에이터 계정은 공인이나 인플루언서 등 지속적으로 인스타그램 내에서 콘텐츠를 창작하여 올리고자 하는 유저에게 적합한 유형이다.

② **비즈니스 계정** : 브랜드 계정이나 오프라인 매장의 계정을 만들었을 때 운영하기 적합한 유형이다.

2. 나의 팔로워들 분석하기

계정의 인사이트를 통해 나의 팔로워들에 대한 분석 내용을 확인할 수 있다. 팔로워 증감에 대한 내용과 팔로워들의 주요 국가와 도시, 성별과 연령대, 그리고 활동이 많은 요일과 시간까지 분석이 가능하다.

프로필 피드에서 인사이트 버튼을 클릭하여 팔로워 항목으로 들어가면 위의 내용들을 확인할 수 있다. 나의 계정 유형에 따라 여러 '인사이트'를 얻을 수 있는데, 해당 내용을 통해 내 계정과 콘텐츠가 목표로 하는 타겟에 효율적으로 노출이 되고 있는지 확인할 수 있다. '인사이트'를 통해 중점적으로 점검해 봐야 하는 내용은 다음과 같다.

1) 내가 운영하고 있는 오프라인 매장 계정의 지역 타겟이 적절히 이루어지고 있는가?
2) 내가 판매하고자 하는 물건의 타겟과 팔로워들의 연령층, 성별이 적절하게 일치하고 있는가?
3) 광고를 받고자 한다면, 내 광고주들이 좋아할 만한 타겟을 충분히 확보하였는가?

내가 계정을 전략적으로 운영하고 있다면 위의 내용에 대한 답을 찾을 수 있어야 하며, 부족한 점이 있다면 어떻게 보완해야 할지에 대해서도 고민해 보아야 한다. 각 항목에 대한 기본적인 보완책은 다음과 같다.

1) 도시별 팔로워 분포에 대한 분석 내용을 확인하여 나의 지역에 해당하는 팔로워가 몇 명인지 산정한 뒤, 내가 목표하였던 타겟의 인원과 얼마만큼 일치하는지 확인한다. 부족할 경우 지역별 해시태그를 활용해 해당 지역의 팔로워들을 모은다.
2) 나의 타겟이 되어야 할 잠재 고객의 연령대와 예상 성별에 대해 파악한 후, 연령/성별에 따른 팔로워 분석 내용을 확인한다. 그리고 나의 팔로워들 중 이러한 타겟들이 얼마나 분포하고 있는지 확인한다. 목표치보다 부족할 경우 연령과 성별 관련 해시태그를 활용해 해당 연령의 팔로워들을 모은다.

3) 나의 광고주가 좋아할 만한 타겟이 어떤 집단인지 생각해 본 후, 나의 연령/성별에 따른 팔로워 분석 내용을 확인한다. 나의 팔로워들 중 타겟의 인원이 부족할 경우 연령과 성별 관련 해시태그를 활용해 부족한 팔로워들을 모은다.

팔로워들의 활동이 많은 시간을 찾는 것은 비교적 쉬운 편에 속한다. 인사이트의 팔로워 항목 페이지에 정리되어 있는 '가장 활동이 많은 시간' 그래프를 확인하면 어느 즈음에 게시물을 올려야 하는지를 파악할 수 있기 때문이다.

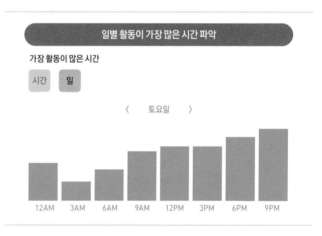

팔로워들의 활동이 많은 시간이 지속적으로 유지되는 시점이 있으면, 그 시작점에 게시물을 올리는 것이 유리하다. 위의

예시를 보면, 낮 12시부터 점차적으로 활동시간이 늘어나는 것을 확인할 수 있다. 그래서 12시 전후 시간대에 게시물을 올리면 좋은 반응을 얻기에 유리하다고 분석할 수 있는 것이다. 저녁 9시부터는 점차적으로 활동량이 줄어들기 때문에 상대적으로 좋은 반응을 얻기 어려운 시간대이다.

하루에 2개 이상의 게시물을 올리는 것은 지양할 것을 당부했지만, 그래도 하루 2개 이상의 게시물을 업로드하고 싶다면, 활동이 많아지는 시간 중 적절한 때를 나누어 업로드하는 것이 좋다. 그리고 주기적으로 팔로워 활동량을 파악하여 업로드 시간을 유동성 있게 정하도록 하자.

만약 1일 1피드가 아닌 주마다 게시물 업로드 횟수를 정해놓았다면, 요일별 분석을 활용하여 업로드 날짜와 시간을 정하는 것이 좋다.

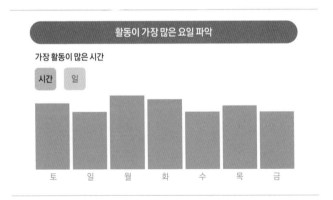

PART 5 던지면 물게 하는 콘텐츠 업로드 전략

'활동이 가장 많은 요일' 그래프를 보면 일요일 낮 시간대의 경우 팔로워들의 활동량이 그리 많지 않다는 것을 알 수 있다. 분석 자료를 토대로 생각해 봤을 때 일요일에 업로드를 하는 것보다 다른 요일에 업로드하는 것이 더 효과적일 수 있는 것이다.

이렇게 인사이트 분석을 참고하여 업로드 날짜를 정하면 무작위로 콘텐츠를 업로드 하는 것보다 상대적으로 높은 반응률을 얻을 수 있다.

앞서 소개한 인사이트에 대한 분석 내용은 본인 계정의 팔로워 분포 양상마다 다른 결과값을 나타내기 때문에 책 내용의 분석 내용만 참고하지 말고 반드시 자신의 인사이트 페이지의 내용을 확인해 보기를 바란다.

터지는 콘텐츠의 비밀, 해시태그

• • • • •

'좋아요'와 '댓글' 수가 폭발하는 콘텐츠에는 자세히 보지 않으면 알 수 없는 비밀이 하나 숨어있다. 바로 해시태그이다. 해시태그가 적절하게 사용되지 않으면, 아무리 퀄리티가 높은 콘텐츠를 만든다 해도 좋은 반응을 얻을 수 없다. 이렇게 중요한 해시태그를 200% 활용하려면 어떻게 해야 할까? 일단 해시태그를 설정하기까지의 과정부터 알아보도록 하겠다.

인스타그램에 게시물을 올리기 위해서는 크게 3단계의 과정을 거쳐야 한다. 먼저 게시물로 올릴 사진을 선택한 후, 사진 편집 단계를 거친다. 사진 편집이 완료되면 게시물 업로드 페이지로 이동하게 되는데, 그곳에서 게시물의 부가 구성에 대한 설정을 마치고 나면 최종적으로 게시물이 업로드되는 것이다.

① 사진 선택 페이지   ② 사진 편집 페이지   ③ 게시물 업로드 페이지

해시태그는 업로드의 마지막 단계인 게시물 업로드 페이지에서 설정할 수 있다. 해시태그에 대해 설명하기 전에 먼저 업로드 페이지에서 설정할 수 있는 다양한 기능에 대해 알아보도록 하자.

피드 게시물의 부가 구성

게시물을 업로드할 때 설정할 수 있는 여러 기능들 중 대표적인 것 몇 가지를 꼽아보았다. 게시물 업로드 페이지에서는 해시태그, 계정태그, 위치태그 등을 설정할 수 있고 고급설정 항

내 계정으로 유입될 수 있는 루트를 늘리자!

목에서는 좋아요와 댓글을 숨기거나 브랜디드 콘텐츠로 설정을 할 수 있다. 이 부가 구성에 해당하는 항목들을 설정하게 되면 인스타그램에서 내 게시물을 볼 수 있는 경로가 많아진다. 그렇기 때문에 게시물을 업로드할 때에는 최대한 많은 항목들을 설정할 필요가 있다.

1. 계정태그

내가 업로드하는 게시물과 연관되어 있는 계정을 태그하는 기능이다. 계정태그는 내가 태그한 상대방의 프로필 피드에 내 게시물을 뜨게 할 수 있다는 특징을 가지고 있어 이를 통한 유입이 발생된다는 장점이 있다.

개인 계정에서는 업로드한 게시물과 연관된 브랜드를 태그 하는 것이 노출에 도움이 될 수 있다. 브랜드 계정에서는 고객 후기 등의 콘텐츠를 업로드할 때 해당 고객의 계정을 태그하면 잠재 고객 유입에 도움이 된다.

태그 시 공동 작업자로 초대하는 계정태그 또한 할 수 있는데, 이렇게 태그를 하게 되면 나와 상대방의 피드에 모두 해당 게시물이 올라간다. 이는 계정과 계정, 브랜드와 계정, 브랜드와 브랜드 간의 협업 시 도움이 되는 중요한 기능이다.

▲ 브랜드 계정태그 예시
사람태그 or 협찬 광고 레이블 추가 기능을 통해
계정 태그를 다양하게 활용해 보자.

2. 위치태그

위치태그는 업로드하는 게시물과 연관된 위치를 태그하는 것이다. 태그한 위치와 연관된 게시물을 모아볼 수 있고 탐색탭의 지도 버튼을 클릭하여 인근 위치와 관련된 게시물을 조회할 수 있어 해시태그만큼이나 중요하게 사용할 수 있는 태그라고 할 수 있다.

▲ 위치 태그 예시   ▲ 탐색탭 지도 항목

개인 계정에서는 내가 업로드하는 게시물과 연관된 위치가 사람들이 자주 찾을 만한 위치인 경우 반드시 위치태그를 사용하는 것이 좋다. 그리고 같은 위치에 여러 위치태그가 조회될 경우에는 한글로만 이루어진 위치태그보다는 영어와 함께 조회되는 위치태그를 사용하는 것이 유리하다. 한글과 영어로 위치태그를 설정하면 노출의 범위가 훨씬 넓어지기 때문이다.

▲ 한글/영어가 함께 있는 위치태그 예시

　브랜드 계정에서 위치태그 사용을 할 때 오프라인 매장이 있는 경우에는 우리 매장의 위치를 등록하여 사용하면 되지만, 온라인 브랜드의 경우 어떤 위치태그를 사용해야 할지 고민이 될 수 있다. 그럴 땐 브랜드 이름이나 재미있는 표현을 대신 사용하면 된다. 위치태그가 반드시 실재하는 지역을 지칭할 필요는 없다는 뜻이다. 센스 넘치면서도 사람들이 자주 사용하는 표현으로 해시태그를 사용하게 되면, 내 게시물로 유입되는 사람들이 많아지는 효과를 볼 수 있다. 다만, 비속어나 일상에서 잘 쓰이지 않는 줄임말 등 호불호가 갈릴 수 있는 표현은 사용을 자제하는 것이 좋다.

▲ 재미있는 위치태그 예시

만약 내가 원하는 위치태그가 없다면, 직접 위치태그를 만들어 사용할 수 있다. 페이스북의 체크인 기능을 이용해 위치를 등록한 다음, 원하는 위치태그를 만들면 된다. 페이스북에서 체크인 기능을 사용하여 위치를 만들면 보통 1주일 이내에 인스타그램의 위치 정보에서 조회가 가능하다.

▲ 위치태그 등록 방법

3. 고급설정

고급설정 페이지에서는 좋아요/댓글을 숨기거나 내 콘텐츠를 브랜디드 콘텐츠로 설정할 수 있다. 좋아요를 숨기면 해당 게시물의 좋아요나 조회수를 다른 사용자가 조회할 수 없게 되며 댓글을 숨기면 댓글을 달 수 없게 된다. 매번 게시물의 노출도에 신경을 쓸 수 없는 상황이거나, 게시물의 노출도가 낮은 초기 단계에서 방문자들에게 게시물의 낮은 참여율을 감추기 위해 주로 사용한다.

브랜드 계정의 경우에는 상업성이 높은 콘텐츠를 제작하여 업로드했는데 좋은 반응을 얻지 못하고 있을 때, 좋아요/댓글을 숨기는 것이 도움이 된다. 반응이 좋지 않다는 것이 여실히 드러난다면, 방문자들이 편견을 가지고 콘텐츠를 바라볼 위험성이 생기기 때문이다.

브랜디드 콘텐츠는 광고, 협찬, 협업 등의 진행을 통해 게시물을 업로드할 때 설정할 수 있는 태그이다. 브랜디드 콘텐츠로 설정 시 해당 브랜드에서 내가 업로드한 게시물을 광고 소재로 활용할 수 있다는 장점이 있다. 광고, 협찬 게시물임을 표기할 때에도 용이한 태그 방법이다. 그러나 해당 브랜드 계정의 승인이 있어야만 태그가 가능하다.

해시태그 설정하기

피드 게시물의 부가 구성에 대해 알아보았으니 게시물을 업로드할 때 가장 중요한 단계인 해시태그에 대해 알아보도록 하자. 해시태그는 일종의 메타데이터로, 인스타그램에 올라와 있는 수많은 게시물을 카테고리에 맞게 분류한 것이다. 게시물 업로드 시 달아 놓은 해시태그를 클릭하면 해당 해시태그를 달아 업로드한 모든 게시물을 확인할 수 있다.

그래서 인스타그램에서 무언가를 검색하고 싶을 때 해시태그를 이용하면 원하는 정보를 쉽고 빠르게 얻을 수 있다. 예를 들어 신상 원피스가 궁금할 땐 '원피스' 관련 해시태그에 들어가 원피스와 관련된 게시물을 확인하면 되고, 부모님 선물이 고민될 땐 '부모님 선물'과 같은 해시태그에 들어가 정보를 얻을 수 있는 것이다.

1. 해시태그에도 급이 있다

파스타 사진을 게시물로 업로드한다고 했을 때 어떤 해시태그를 사용할 수 있을지 생각해 보자.

#파스타 #먹스타그램 #맛집 #먹방 #○○역맛집 등, 아마 많은 사람들이 비슷한 해시태그를 떠올릴 것이다. 이렇게 누구나 쉽게 생각할 수 있는 해시태그를 편의상 'A급 해시태그'라

어떤 해시태그를 사용할 수 있을까?

고 정의해 보겠다. A급 해시태그의 특징은 누구나 떠올릴 수 있고 많은 사람들이 쉽게 사용하는 해시태그라는 것이다.

A급 해시태그를 사용하여 게시물을 올리면, 해당 해시태그 페이지에서 노출이 얼마나 일어날까? A급 해시태그는 누구나 떠올리기 쉬운 해시태그이기 때문에 기본적으로 게시물의 숫자가 많고 인기 게시물에 올라가기 위한 경쟁이 치열해서 많은 노출을 기대하기 어렵다. 게시물을 올리면 빠르게 뒷순위로 밀려나게 되는데, 이럴 땐 A급 해시태그와 함께 B-C급 해시태그를 적절히 섞어 사용하면 효과적이다.

B-C급 해시태그란, A급보다 사용량이 많지는 않지만 사람들이 쉽게 생각하고 사용할 수 있는 해시태그이다. B-C급의

해시태그는 주로 A급 해시태그와 A급 해시태그의 조합으로 이루어져 있다. B-C급 해시태그는 A급과 비교했을 때 상대적으로 인기게시물에 올라가기가 유리하기 때문에 게시물에 적절히 태그하여 올릴 경우 인기 게시물에서의 노출을 기대해 볼 수 있다. A급 해시태그를 먼저 생각한 뒤 적절히 조합하여 파생된 해시태그를 떠올려보는 식으로 B-C급 해시태그를 만들어 보자.

A급 해시태그
#먹스타그램 #파스타
#○○역 #맛집 #일상

B-C급 해시태그
#일상소통 #데일리먹방
#○○동맛집 #먹스타소통

A급과 B-C급 해시태그를 조합해 사용하는 것 외에도 게시물과 연관된 브랜드의 해시태그를 넣거나 게시물과 연관된 나의 기분, 느낌 또한 해시태그로 활용할 수 있다.

2. 해시태그 사용 훈련

해시태그를 만드는 것이 어렵게 느껴진다면, 게시물마다 해시
태그로 사용할 수 있을 만한 단어를 적어보는 훈련을 해보도
록 하자. 특히 요즘처럼 유행어나 신조어가 자주 등장하는 시
대에는 관련 단어의 해시태그 사용이 중요하다. 먼저 내가 업
로드하는 게시물의 콘셉트를 한 단어로 정의해 보고 그 단어
에서 파생될 수 있는 여러 단어들을 정리해 보자.

【예시 1 : 나의 콘셉트 - 패션】

관련 단어 (A급 해시태그와 B-C급 해시태그 포함)
: 여자패션, 여성패션, 여자코디, 데일리룩, 오오티디, 여자데일리룩, 여성데일리룩,
패션블로거, 데일리코디, 오늘의코디, 데이트룩, 페미닌룩, 봄코디, 여름코디, 가을코
디, 겨울코디, 패션브랜드, 하객룩, 스커트코디, 신상코디, 가을신상, 아이템이름…
브랜드이름.

【예시 2 : 나의 콘셉트 - 음식】

관련 단어 (A급 해시태그와 B-C급 해시태그 포함)
: 먹스타그램, 먹방, 맛집, 맛스타그램, 맛집소개, ○○동맛집, 오늘뭐먹지, 야식메뉴,
집들이음식, 브런치, 혼밥, 회식, 홈파티, 캠핑요리, 맛집투어, 카페투어, 레시피, 별미,
먹자골목, 맛도리, 집들이메뉴, 핫플맛집….

이렇게 해시태그를 정리해 놓고 봤을 때, 의미가 비슷한 해
시태그들은 이 중에 어떤 것을 사용해야 하는지 혼란스러울

수 있다. 특히 지역적인 특성이 담겨 있는 해시태그의 경우 어떤 지역명을 가진 해시태그를 사용하는 것이 노출에 가장 도움이 될지 고민해 볼 필요가 있다.

유사한 해시태그 중 어떤 해시태그를 사용하는 것이 도움이 될지 알고 싶다면 다른 검색포털의 조회수를 참고해 보도록 하자. 키워드별 네이버 검색량을 알려주는 '키워드마스터'라는 사이트에 들어가면 키워드마다 검색된 횟수를 알려준다. 비슷한 해시태그나 지역명 등을 함께 사용해야 하는 해시태그의 경우 해당 사이트를 이용하여 사람들이 자주 사용하는 키워드를 참고하면 해시태그 설정에 도움이 된다.

만약 강남에 피부관리샵을 운영한다고 생각해 보자. 홍보 목적의 게시물을 올리려 하는데 강남과 연관된 지역명 중 어떤 지역명을 사용해야 하는지 헷갈릴 수 있다. 이때 사람들이 어떤 검색어를 자주 사용하는지에 대한 내용을 '키워드마스터' 사이트에서 조회해 볼 수 있는 것이다.

▼ 키워드 마스터 인사이트 화면

-	키워드	PC 검색량	모바일 검색량	총조회수	문서수	비율
▾	강남 피부관리	580	1,550	2,130	133,276	62.571
▾	피부관리샵 강남역	10	10	20	9,170	458.500
▾	강남역 피부관리샵	10	20	30	9,282	309.400
▾	역삼동 피부관리	40	140	180	7,743	43.017

브랜드 계정이나 브랜딩이 되어 있는 개인 계정에서는 브랜드의 가치 또는 내가 판매하고자 하는 제품이나 서비스의 특징을 나타낼 수 있는 해시태그를 사용하는 것이 좋다. 브랜드와 계정 자체에 정의할 수 있는 단어들을 떠올려 본 후 해시태그 사용 시 참고해 보자. 이렇게 단어들을 정리해 두면, 추후 나의 콘텐츠 주제를 정할 때에도 도움이 된다.

【도움이 되는 해시태그들】

미니멀리즘, 와비사비, 워라밸, 비건, 싱글라이프, 1인가구, 오가닉라이프, 1코노미, 편리미엄, 라이브커머스, 취향소비, 윤리소비, 젠더리스, 미코노미, 제로웨이스트, 친환경, 팬슈머, 하이브리드, 레스웨이스트, 리페어, 스트리밍라이프, 뉴노멀, 배터노멀, 내돈내산, 비거니즘, MZ세대, 58세대, 맥시멀리스트, 부캐, 멀티페르소나, 업글인간, N잡러, 리모트워크, 데이터큐레이션, 메타버스, 직구족, 홈가드닝, 플랜테리어, 그린하비, 마인드풀니스, 컬렉터, 혼술족, 홈시어터, 홈카페, 노포투어

아무래도 인스타그램의 이용자 대부분이 20~30대 젊은 층이다 보니, 그들이 사용하는 단어에 익숙해지려는 노력을 하면 좋다. 예시로 든 해시태그들만 봐도 생전 처음 접해보는 단어나 표현이 있을 수 있으리라 생각한다. 젊은 세대가 즐겨 사용하는 단어의 정확한 뜻을 숙지한 후 적절하게 해시태그를 사용해 보도록 하자.

해시태그는 트렌드와 밀접한 관련이 있기 때문에 모든 시기를 통틀어 어떤 해시태그가 좋다고 정의하기는 어렵다. 그러나 내가 지금 괜찮은 해시태그를 사용하고 있는지 확인해 보고 싶다면, 나보다 팔로워가 많거나 계정의 규모가 큰 사람들이 어떤 해시태그를 사용하는지 주기적으로 참고해 보는 것도 좋은 방법이다.

INSTAGRAM MARKETING

6

저절로 퍼지는
광고 콘텐츠 만들기

자연스럽게 스며드는 광고 제작하기

· · · · ·

브랜드 계정에서의 콘텐츠는 곧 상업적인 콘텐츠라고 말할 수 있다. 상업성을 띄는 콘텐츠를 효과적으로 제작하기 위해서는 인스타그램에서 할 수 있는 다양한 광고 유형에 대해 이해하고, 각 광고의 특성에 맞는 콘텐츠가 무엇인지 알아야 한다. 인스타그램에서 할 수 있는 대표적인 광고 방법과 광고 유형별 콘텐츠 제작 방법에 대해 알아보도록 하자.

네이티브 광고

네이티브 광고는 기사나 매거진 형식을 띄고 있지만, 실제로는 광고가 포함되어 있는 콘텐츠이다.

▲ 네이티브 콘텐츠의 예시

금액대별 선물을 추천하는 콘텐츠에 내가 판매하는 제품을 포함하여 소개하거나, 건강한 습관에 대한 정보를 소개하는 콘텐츠에 내가 판매하는 건강 제품을 자연스럽게 노출시키는 것이 그 예다. 인스타그램 내에서 흔하게 볼 수 있는 광고 유형 중 하나이다.

네이티브 광고는 잠재 고객이 광고라는 인식을 하지 못하기 때문에, 광고 콘텐츠임이 직접적으로 드러나는 배너 광고보다 클릭률이 높다. 또한 자연스럽게 고객들의 참여를 이끌 수 있어 자연스러운 노출과 확산 또한 효과저으로 이루어진다.

초보자가 네이티브 광고를 제작하려고 하면 다소 어렵게 느껴질 수 있으나 몇 가지 공식만 알면 쉽게 제작할 수 있다. 일단 내가 판매하고자 하는 제품이 실용재인지, 소비재인지를 먼저 구분해야 한다.

1. 네이티브 광고 제작 방법 : 실용재

실용재는 말 그대로 고객이 필요에 의해 구매를 하게 되는 제품을 지칭한다. 실용재를 대상으로 네이티브 광고를 제작하기 위해서는 내가 판매하는 제품이 필요한 상황을 생각해 보면 된다. 그리고 그 상황과 관련된 정보와 함께 내 제품을 어필하면 된다.

미세먼지 안전 수칙 3가지
(내 제품이 필요한 상황)

해당 예시처럼 마스크를 판매한다고 해 보자. 예시에서는 내 제품이 필요한 상황으로 '미세먼지 안전 수칙'에 대해 소개한다. 야외 활동 자제하기, 외출 후 깨끗이 씻기, 마스크 착용하기 등 내 제품이 필요한 상황과 관련된 정보에 대해 소개하며, 마지막에 내가 판매하는 제품인 마스크 브랜드를 자연스럽게 언급한다. 이때 이 브랜드의 장점을 함께 어필하는 것이 좋다. 이렇게 콘텐츠를 구성한 후 게시물로 업로드할 때 '구매처는 프로필 링크를 클릭하세요', '꿀팁을 공유할 친구를 태그 해주세요'라는 마케팅적 장치를 함께 포함하여 잠재 고객의 반응을 유도한다.

2. 네이티브 광고 제작 방법 : 소비재

소비재를 광고할 때에는 제품과 관련된 감정이나 주관적인 느낌이 들어가는 것이 좋다.

예를 들어 '비 오는 날, 집에만 있기 심심하다'라는 주관적인 상황을 보여준다. 이어서 ○○동에서 진행되는 전시회를 어필한다. 이때 제품/서비스 사용으로 인해 변화한 나의 감정이나 상태를 어필하는 것이 좋다. '○○전시회에서 인생샷 찍기, 완전 꿀잼!!' 이라는 표현을 통해 제품/서비스를 구매한 후 변화된 나의 감정을 드러내는 것이다.

비 오는 날, 집콕하기 심심하다면?
(감정이나 주관이 들어가는 것이 좋음)

　　요즘은 꼭 필요한 것은 아니지만 구매했을 때 생활의 편리함이 증가되는 '편리미엄'한 제품들이 인기를 끌고 있다. 이런 제품은 실용재와 소비재 중 어떤 유형에 따라 광고를 제작할 수 있을까? 꼭 한 가지 방법을 고집할 필요는 없기 때문에 제품의 특성에 따라 적절하게 조합하여 광고를 제작하면 된다.

인스타그램을 나만의 마케터로 만들자

· · · · ·

인스타그램에서 내 제품/서비스를 홍보하는 방식 중 가장 기본적인 방법은 바로 스폰서 광고이다. 스폰서 광고는 내가 제작한 광고 콘텐츠를 원하는 타겟에게 노출시킬 수 있어서 효과성이 어느 정도 검증된 광고 방식이다.

#스폰서광고

내 계정을 프로페셔널 계정으로 전환한 후 내가 업로드한 게시물을 살펴보면 '게시물 홍보' 버튼을 찾아볼 수 있다. (계정에 따라 홍보하기, 게시물 홍보하기 등으로 보이는 경우도 있으나 기능은 같다.) 이 버튼을 클릭하면 간단한 과정을 통해 인스타그램 내에서 광고를 세팅할 수 있다. 광고 세팅 시 진행되는 절차에 따라 어떻게 광고를 설정해야 하는지 알아보도록 하겠다. 이때 보여지는 화면은 인스타그램이 업데이트 됨에 따라 조금씩 달라질 수는 있지만 기본적인 방법과 기능은 동일하다. 각 단계에서 반드시 알아야 할 포인트가 무엇인지 집중해서 살펴보도록 하자.

1. 목표 선택

광고를 하기 위해서는 가장 먼저 광고를 하는 목적이 무엇인지 파악하는 과정이 필요하다. 목표에 따라 광고 세팅 후 랜딩되는 페이지가 다르기 때문에 이루고자 하는 목표가 무엇인지 생각해 본 후 선택할 필요가 있다.

① **프로필 방문 늘리기** : 광고 콘텐츠를 본 후 클릭까지 이루어

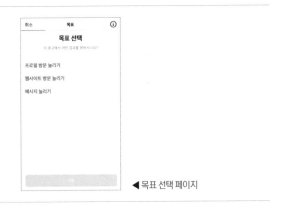

◀목표 선택 페이지

겼을 때, 해당 계정의 프로필로 이동하는 경우이다. 이벤트를 진행하거나 내 계정 자체를 홍보하고 싶을 때 해당 목표를 선택할 수 있다.

예) 인스타 마켓 계정

저희 마켓에서는 지금 역대급 할인 진행 중이랍니다!
오셔서 구경해 보시고 알찬 혜택 놓치지 마세요

→ 마켓 계정의 프로필로 이동

---

② **웹사이트 방문 늘리기** : 광고 콘텐츠를 본 후 클릭까지 이루어졌을 때 내가 설정해 놓은 사이트로 이동하는 경우이다. 나의 웹사이트에 신상품이 나왔거나 이벤트를 진행 중일 때, 나의 다른 SNS 채널을 홍보하고 싶을 때 등의 상황에서 이 목표를 선택할 수 있다.

예) 일반 브랜드 계정

신상품 런칭 기념 이벤트를 진행 중입니다
브랜드 홈페이지에서 지금 바로 참여해 보세요!

→ 브랜드의 홈페이지로 이동

---

③ 메시지 늘리기 : 광고 콘텐츠를 본 후 클릭까지 이루어졌을 때 해당 계정으로 다이렉트 메시지를 보낼 수 있도록 이동하는 경우이다. DM을 통해 예약이 이루어지거나 구매가 이루어지는 상황에서 이 목표를 선택할 수 있다.

예) ○○동 맛집 ○○ 식당 계정

저희 식당이 ○○월 ○○일 가오픈을 하게 되었습니다.

많이 방문해 주세요. 예약 문의는 DM 주세요.

→ 브랜드의 다이렉트 메시지 전송 화면으로 이동

---

2. 타겟 설정

타겟은 위치 / 관심사 / 연령 및 성별 중 내가 원하는 대상을 필터링하여 광고 콘텐츠를 보여줄 수 있도록 설정하는 것이다. 올바른 타겟 설정을 위해서는 내가 판매하는 제품이나 서비스에 맞는 타겟이 누구인지 정확하게 파악해야 한다.

이때는 초반에 다루었던 네이버 데이터랩(https://datalab. naver.com/)을 통해 각 분야별 관심사와 특정 키워드에 대한 지역, 연령, 성별 관심사를 참고하여 설정하면 더욱 효과적이다.

3. 예산 및 기간 설정

총 지출과 일별로 지출하고자 하는 금액을 확인하며 예산 설정이 가능하다. 또한 어느 기간 동안 광고를 노출시킬 것인지에 대해서도 설정할 수 있다. 광고를 설정하면 대략 어느 정도 규모의 사람들에게 도달이 될지 확인 가능하다.

광고 금액은 광고 설정별 인스타그램이 권장하는 최소 예산 선에서 정하는 것이 좋다. 금액 설정 시, 가장 적은 금액으로 설정하면 '권장 최소 예산'이라는 문구가 나온다. 처음에는 어느 정도 테스트 과정을 거쳐 효율을 파악한 후 예산에 맞는 금액을 본격적으로 투자할 것을 권장한다.

◀ 예산 및 기간 설정 페이지

광고 기간 설정은 '머신러닝'을 반드시 고려하여 설정하는 것이 좋다. '머신러닝'이란, 광고를 게재한 후 일정 시간 동안 AI가 '어떤 타겟에게 광고를 노출시키는 것이 효과적인지' 학습한 다음, 학습한 결과를 바탕으로 광고를 노출시키는 기술이다.

인스타그램을 포함한 페이스북 광고에서는 이런 머신러닝을 사용하여 광고를 최적화한다. 그래서 광고를 게재한 후 일정 시간 동안은 자동으로 인공지능이 머신러닝을 하게 되어 있다. 인공지능이 이 광고가 어떤 타겟에게 효과적인지 학습 중인 상태 즉, 광고가 최적화되기 전까지는 광고 효율이 낮을 수 있으며 머신러닝 기간이 끝난 후 광고가 최적화되면 효율이 올라가게 된다.

머신러닝을 사용하는 광고에서 주의해야 할 점은 머신러닝 기간을 고려하여 광고 게재 기간을 설정해야 한다는 점이다. 광고 기간을 너무 짧게 설정하거나 광고 게재 후 잦은 수정을 하게 되면 머신러닝만 하다가 광고가 끝날 수 있으므로 좋은 효율을 얻지 못할 수 있다. 그렇기 때문에 충분한 시간 여유를 두고 광고를 게재하는 것이 좋으며, 급박하게 광고를 게재해야 하는 상황이라면 머신러닝 기간을 고려하여 광고 효율이 높지 않을 수 있음을 감안해야 한다.

하루 30분, 인스타그램으로 월 200만원 더 번다

4. 광고 소재에 대한 고민

같은 제품을 광고하더라도 연출을 다르게 할 수 있다. 만약 내가 토마토를 판매한다고 생각해 보자. 토마토를 재배하는 모습, 토마토를 먹는 모습, 요리하는 모습, 클로즈업한 모습 등 다양한 모습을 연출할 수 있을 것이다. 만약 이 중에서 어떤 소재가 더 효율이 좋을지 잘 모르겠다면 초반엔 저비용을 들여 다양하게 연출한 후 타겟의 반응률에 따라 광고 이미지를 정하는 것을 추천한다.

잦은 수정이 머신러닝 기간에 좋지 않은 영향을 미칠 것이 염려되거나 예산이 부담스럽다면 다른 사람들이 게재한 광고 래퍼런스를 참고해 보는 것이 도움이 될 수 있다.

'페이스북 광고 라이브러리'를 참고하면 사람들이 어떤 광고를 게재하였는지 확인할 수 있다.

이슈를 등에 업으면 더 멀리 간다

· · · · ·

콘텐츠를 기획하는 것뿐만 아니라 프로모션을 기획하거나 상품을 출시할 때 반드시 고려해야 할 것이 바로 '이슈'이다. 다음 이미지를 보고 생각해 보자.

같은 참치캔 상품이지만 명절이라는 이슈에 따라 상품의 구성이 달라진다. 이처럼 이슈에 따라 콘텐츠를 기획하고 프

로모션을 준비하며 상품을 준비하는 것은 굉장히 중요하다. 특정 시기에 사람들의 관심이 쏠리는 주제를 가지고 이슈에 맞는 콘텐츠를 미리 만들어 놓으면 일반 콘텐츠에 비해 좋은 반응을 얻게 될 가능성이 높다. 그리고 해당 콘텐츠를 한 번 만들어 놓으면, 다음 해에 동일한 이슈가 다시 돌아왔을 때 그대로 사용하거나 재가공해서 활용할 수 있다. 월별로 돌아오는 이슈들을 정리한 후 나의 계정이나 우리 브랜드에서 해당 이슈를 어떻게 활용하면 좋을지 생각해 보자.

월	이슈	월	이슈
1월	새해, 설날	7월	건강, 헬스, 보양식
2월	발렌타인데이	8월	여름휴가
3월	신학기, 패션위크	9월	추석
4월	벚꽃축제, 결혼시즌 시작	10월	할로윈
5월	가정의 달	11월	수능, 블랙프라이데이
6월	여름시즌 시작	12월	크리스마스, 연말

위와 같은 방식으로 고정적으로 활용할 수 있는 이슈를 생각해 놓고, 최소 1~2개월 이전에는 해당 월 이슈에 대한 콘텐츠나 프로모션을 미리 준비하여 적절한 시기에 오픈하는 것이 효과적이다.

INSTAGRAM MARKETING

7
PART

월 200만원 '더 버는'
인스타그램 노하우

인플루언서는 영향력에 따라 크게 네 가지로 나뉜다. 연예인, 셀럽, 유명 크리에이터 등 적게는 수십만에서 많게는 수백만 명에 이르는 사람들에게 영향을 미치는 메가 인플루언서, 수만에서 수십만 명에 이르는 가입자나 구독자를 확보하고 있는 매크로 인플루언서, 천 명에서 수천 명에 이르는 사람들에게 영향을 끼치는 마이크로 인플루언서, 수백 또는 수십 명의 팔로워를 확보한 나노 인플루언서로 구분 짓는다.

대부분의 사람들이 인플루언서라고 지칭하는 것은 매크로 인플루언서 이상부터다. 보통 그 정도 규모는 되어야 협찬을 받을 수 있다고 생각하지만, 사실은 그렇지 않다.

소셜 인플루언서를 활용한 미국 시장 진출 전략(KOTRA 2017.9)

　팔로워가 많다고 무조건 좋은 제안이 들어오는 것은 아니다. 채널 규모가 커질수록 협찬 문의의 양은 늘어나겠지만, 그것이 꼭 좋은 제안이라고는 말할 수 없다. 채널의 규모보다 중요한 건 괜찮은 콘텐츠를 발행할 수 있으며, 채널의 팔로워 성향이 홍보하고자 하는 상품/서비스의 결과 맞느냐 하는 것이다.

　좋은 협찬을 받을 수 있는 확률은 개개인의 노력에 따라 달라진다. 만약 당신이 협찬을 통한 수익화 모델을 구축하고 싶다면 다음의 내용을 반드시 숙지해 두자.

1. 발품 팔기

너도 나도 SNS 계정을 키워 수익화를 하고 싶어 하며, SNS 마케팅을 하고 싶어 하는 시대이다. 때문에 협찬을 주고 싶어 하는 사람도 많고, 받고 싶어 하는 사람도 많다. 이러한 니즈를 가진 사람들을 한 곳에 모아 협찬을 받을 수 있게 하는 플랫폼이 바로 '체험단 사이트'이다.

체험단 사이트는 SNS 계정만 있다면 쉽게 가입할 수 있다. 팔로워 수가 많은 인플루언서들은 DM을 통해 협찬 제안을 받기도 하지만 이러한 사이트를 이용하여 받기도 한다. 상대적으로 계정 규모가 작은 상태에서 협찬을 받고자 한다면 최대한 많은 체험단 사이트에 가입하고 응모하는 것이 좋다.

일반적으로 구매형 체험단(직접 물건을 구매해야 하는 체험단)의 경우는 번거롭다는 이유로 체험단을 신청하는 사람들이 많지 않기 때문에 초기엔 구매형 체험단을 먼저 공략해 보길 권장한다. 제품의 인지도가 낮거나 실제 활용도가 높지 않은 제품의 경우에도 마찬가지로 경쟁률이 낮기 때문에 이런 체험단을 공략하면 협찬을 받을 수 있는 확률이 높아진다.

계정의 규모가 작다고 하여 낙심하지 말고, 한번 적극적으로 체험단 사이트를 공략해 보자. 의외로 많은 제품/서비스들이 홍보처를 찾고 있다는 사실에 놀라게 될 것이다.

2. 포트폴리오 만들기

좋은 협찬을 받기 위해 나는 무엇을 준비해야 할까? 협찬을 받기 위해선 광고주의 입장에서 생각해 보는 것을 습관화 해야 한다. 광고주는 협찬을 진행했을 때 수준 높은 퀄리티의 콘텐츠가 올라오며, 그 콘텐츠가 팔로워들에게 좋은 반응을 얻기를 바랄 것이다. 내가 그런 기대를 충족시킬 수 있는 계정처럼 보여지려면, 내 계정에 괜찮은 퀄리티의 게시물이 구성되어 있어야 하고 실제로 좋은 반응을 얻고 있어야 한다. 협찬을 받은 적이 없거나 협찬 게시물이 적은 상태에서는 포트폴리오를 만든다는 생각으로 광고주를 타겟으로 한 콘텐츠를 채워나가는 것이 좋다.

◀ 작업한 포트폴리오를 하이라이트에 고정한 예시

출처 : 유하늘 스튜디오 계정(@yous.sky_0309)

예를 들어 패션을 주제로 계정을 키워보고 싶다면, 내가 오늘 코디한 옷을 촬영하여 게시물을 업로드하는 방식으로 계정을 키우는 것이다. 그렇게 되면 광고주가 해시태그나 탐색탭을 통해 내 게시물을 보고 협찬을 제안할 수 있다.

맛집을 주제로 계정을 키우고 싶다면, 내가 방문했던 맛집 후기 콘텐츠들을 업로드해 놓으면 된다. 마찬가지로 광고주가 맛집이나 지역에 관련된 위치태그, 해시태그, 탐색탭을 통해 내 게시물을 보고 협찬을 제안해 올 수 있다.

▲ 패션/맛집 콘텐츠의 예시

3. 기회가 기회를 만든다!

협찬을 제안하는 광고주는 브랜드의 홍보 담당자일수도 있지만, 마케팅 대행사의 직원인 경우도 있다. 내가 진행한 캠페인이 괜찮은 결과를 가져오고 광고주가 제안한 캠페인을 성실하게 수행했다면, 마케팅 대행사 직원이 다른 업체에서 진행하는 캠페인을 소개해 주거나 차기 진행 건을 의뢰하기도 한다.

광고주가 좋아할 만한 캠페인 진행의 예시

1. 2개 이상의 SNS에 협찬 게시물 업로드하기

광고주들은 최대한 많은 곳에 자신의 제품/서비스가 노출되길 원한다. 만약 협찬 콘텐츠가 인스타그램뿐 아니라 블로그 등 다른 SNS에도 업로드된다면 광고주의 만족도는 자연히 높아질 것이다. 광고주의 만족도가 높을수록 추후 다른 캠페인 제안을 받을 수 있는 확률이 높아진다.

더불어 유입에 도움이 되는 소재일 경우 계정 성장에도 긍정적인 영향을 끼친다. 또한 하나의 콘텐츠가 여러 채널에 발행되면서 콘텐츠 제작의 공수가 줄어든다는 장점도 있다.

▲ 인스타그램 + 블로그 2개 이상 SNS 업로드 예시

2. 광고 효과를 극대화시키는 아이디어 떠올리기

광고주가 제안하는 가이드라인에만 맞춰서 콘텐츠를 제작하기보다는 어떻게 하면 더 눈에 띄는 콘텐츠가 될 수 있을지 고민하며 제작하는 것이 좋다. 광고하고자 하는 대상이 무엇이냐에 따라 적용할 수 있는 아이디어가 다른데, 평소 다른 게시물을 보며 괜찮은 아이디어를 살펴보고 따라 해보려는 연습이 필요하다. 아이디어를 떠올리는 것이 점차 익숙해지면, 나중에는 굳이 생각해 내려 하지 않아도 광고에 적합한 아이디어가 저절로 샘솟게 될 것이다.

이렇게 제작한 콘텐츠들은 좋은 포트폴리오가 될 뿐만 아니라 내 계정의 노출도 또한 높아지는 결과로 이어진다.

▼ 광고 효과를 극대화 시킬 수 있는 아이디어의 예시

콘텐츠의 다양화

피드 게시물만 업로드하는
것으로 가이드를 받았으나
릴스에 추가로 업로드하여
콘텐츠의 다양성을 올렸다.

콘텐츠의 질적 향상

과자를 적절히 플레이팅하여
소개하는 것으로 가이드 받았으나,
귀여운 디자인의 그릇을 사용하여
과자 색상과 톤을 맞추는 방법으로
콘텐츠의 질을 높였다.

$\boxed{\text{인터뷰}}$ 인플루언서에게 묻다

인플루언서 'LUNA'님

푸드 인플루언서 'LUNA' 계정

안녕하세요. 제철 재료를 트렌디한 메뉴로 요리하는 푸드 인플루언서 LUNA입니다.

Ⓠ **LUNA님 계정 콘텐츠의 특징은 무엇인가요?**

Ⓐ 김치찜, 바지락 술찜 등과 같이 어디서나 쉽게 구할 수 있는 재료로 화려한 메인 요리를 만들기도 하고 전복 솥밥과 같이 제철에 먹으면 더 맛있는 제철 재료를 활용한 요리를 만들어 콘텐츠를 제작하고 있습니다.

하루 30분, 인스타그램으로 월 200만원 더 번다

Ⓠ **콘텐츠를 잘 만들어서 도움이 된 경험이 있다면 소개해 주실 수 있나요?**

Ⓐ 재료 및 레시피를 포함한 요리 영상을 1분 이내로 제작하여 최소 주 1회 꾸준히 업로드하다 보니 자연스레 팔로워 수가 늘어났습니다. 저장, 공유수도 많아지면서 돋보기 피드에 자주 노출되어 조회수 또한 많아졌습니다.

팔로워 수가 1만이 된 시점부터 식품은 물론 가전제품, 리빙 등 다양한 브랜드로부터 광고 제안을 받았는데요. 지난 해에는 LG 오브제컬렉션 인덕션 전기레인지가 출시도 되기 전에 광고 제안을 받기도 했습니다.

Ⓠ **광고 효과를 극대화시키기 위해, 혹은 광고주가 좋아하는 콘텐츠를 만들기 위해 어떤 노력을 하고 계신가요?**

Ⓐ 협찬받은 제품의 특징을 충분히 파악한 후 특장점을 강조하여 콘텐츠를 제작하고 있습니다. 그리고 깔끔한 플레이팅을 위해 인스타그램 뿐만 아니라 유튜브, 블로그 등 타 플랫폼에서도 요리 콘텐츠를 자주 찾아보며 참고합니다.

Ⓠ **인플루언서가 되고 싶은 분들께 한 마디 해주세요**

Ⓐ '내가 좋아하고 내가 잘할 수 있는 것'도 중요하지만 팔로워들이 관심 있어 할 만한 혹은 트렌디한 콘텐츠를 꾸준히 제작하는 것이 가장 중요하다고 생각합니다. 고퀄리티의 콘텐츠를 올린다고 해도 꾸준함이 없다면 잠깐 반짝이고 말 확률이 높기 때문입니다. 또한 아무리 유명한 고가의 광고 제안이 오더라도 무분별하게 수락하기보다는 피드의 정체성을 뚜렷하게 지켜낸다면 누구나 영향력 있는 인플루언서가 될 수 있을 거라 생각합니다.

유명 인플루언서 계정에서 엿보는 성공 노하우

· · · · ·

사실 인스타그램을 잘 키우기 위해 사용하는 전략들은 결국 팔로우가 많은 계정을 벤치마킹하는 과정이라고 볼 수 있다. 그렇다면 현재 유명 인플루언서들은 어떤 방법으로 계정을 운영하고 있을까? 오직 인스타그램만으로 성공한 계정은 크게 두 가지 유형으로 분류할 수 있다.

1. 콘텐츠형

콘텐츠형에 속하는 계정은 팔로워들의 니즈를 명확히 파악하고 있으며 줄 수 있는 것들이 많은 유형이다. 이들은 팔로워들에게 재미있는 콘텐츠, 유익한 콘텐츠, 예쁜 콘텐츠, 중독적인 콘텐츠 등 다양한 주제의 콘텐츠를 지속적으로 제공한다. 그래서 어떻게 보면 콘텐츠를 업로드하는 것 외에 계정 운영을 위한 다른 노력은 하지 않는 것처럼 보이기도 한다. 사실 이런 식으로 계정을 키운 집단은 인스타그램 운영을 잘 했다기보다는 좋은 콘텐츠를 잘 만들었다고 표현하는 것이 정확하다. 콘텐츠의 질 자체가 좋기 때문에 인스타그램이 아니라 다른 플랫폼을 운영했더라도 똑같이 좋은 반응을 얻었을 가능성이 높다. 콘텐츠형 계정을 운영하기 위해서는 준전문가급의 콘텐츠 제작 능력을 필요로 하기 때문에 초보자들이 벤치마킹하기엔 어려운 계정 유형이다.

2. 소통형

소통형은 평균 이상의 콘텐츠를 바탕으로 팔로워들과 소통하며 성장하는 계정 유형이다. 소통을 원하는 사람들끼리 모여 서로 좋아요와 댓글을 달아주는 식으로 계정 규모를 확장한 후, 괜찮은 퀄리티의 콘텐츠들을 꾸준히 올려 계정을 성장시키는 것이다. 얼핏 보면 단순해 보이는 소통형 성장 전략이 인스타그램에서 잘 통하는 이유는 무엇일까? 그 이유는 인스타그램의 알고리즘을 조금만 파헤쳐보면 알 수 있다.

#인스타그램 알고리즘 파헤치기

인스타그램에서는 내 게시물이 노출되는 데 중요한 역할을 하는 경로가 여러 개 있다. 그 경로들은 각 게시물의 인사이트를 확인하면 알 수 있다.

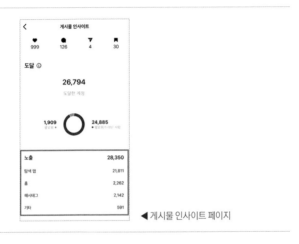

◀ 게시물 인사이트 페이지

노출 경로를 보면, 홈 / 해시태그 / 탐색 / 프로필 / 기타로 나뉘어져 있는 것을 확인할 수 있다. 일반적으로 나의 팔로워들이 내 게시물을 볼 확률이 높기 때문에 홈에서의 노출이 가장 높게 나타나지만, 경우에 따라 탐색탭이나 해시태그에서 높은 노출이 일어나기도 한다.

여기서 우리는 홈에서 안정적인 노출을 유지하면서도 탐색이나 해시태그에서 높은 노출을 가져오는 것을 목표로 잡아야 한다. 그러기 위해서는 홈에서의 꾸준하고 안정적인 노출이 기본적으로 요구되는데, 바로 이때 인스타그램에서의 소통이 필요한 것이다.

안정적인 노출을 유지하기 위한 전략

홈에서 좋은 노출을 가져오기 위해서는 일단 홈에서 최대한 많은 팔로워들이 내 게시물을 봐야 한다. 홈에서의 게시물 정렬은 과거에는 시간순이었으나 지금은 시간과 더불어 각 계정에 대한 관심도에 따라 정렬된다. 관심도가 높은 계정의 게시물이 먼저 뜨게끔 알고리즘이 설계되어 있기 때문이다.

여기까지 이해했다면, 잠시 우리가 일반적으로 인스타그램을 사용할 때의 모습을 생각해 보자. 인스타그램 앱을 켜면 가장 먼저 홈 피드가 나온다. 보통의 사용자들은 홈 피드에서 게시물 몇 개를 내려보다가 모든 게시물을 확인하지 않은 상태로 알림이나 DM, 탐색 화면 등 다른 영역으로 화면을 전환한다. 여기서 주목해야 할 점은 대부분의 사람들이 홈 피드 상단에 뜨는 몇 가지 게시물만 확인한다는 점이다. 이런 패턴으로 봤을 때, 내 게시물이 잘 노출되기 위해서는 팔로워들의 홈 피드 상단에 내가 올린 게시물이 노출되어야 한다는 것을 알 수 있다.

▲ 앱 실행　　　　　　　▲ 홈 피드에 노출된 내 게시물

그렇다면 어떻게 해야 팔로워들의 홈 피드 상단에 내 게시물이 안정적으로 노출될 수 있을까? 답은 바로 사람들과의 소통이다. 사람들과 많이 소통을 하는 계정은 인스타그램에서 많은 관심을 받는 계정으로 인식될 확률이 높다. 그렇게 인기 많은 계정으로 인식이 되면 여러 사람들의 홈 피드 상단에 위치하며 안정적인 노출을 유지할 수 있게 된다. 그렇기 때문

에 많은 웬만큼 많은 팔로워를 소유한 계정에서도 이러한 소통을 게을리하지 않는다.

인스타그램 알고리즘이 싫어하는 행동들

① 똑같은 내용의 글 또는 해시태그를 '복사 & 붙여넣기'해서 작성하는 행위 : 여기서 '복사 & 붙여넣기'의 의미는 처음부터 끝까지 토씨 하나 틀리지 않고 내용이 같은 경우를 의미한다. 내용에 조금씩 변형을 주는 경우는 해당하지 않는다.

② 사진과 상관없는 해시태그의 사용 : 메타데이터(일정한 규칙에 따라 콘텐츠에 부여되는 데이터) 개념에 벗어나는 해시태그의 사용은 인스타그램이 계정을 부정적으로 인식하는 계기가 될 수 있다.

③ 총 해시태그의 개수 : 해시태그는 최대 30개까지 사용할 수 있으나 30개를 꽉 채워 사용하지 않는 것이 좋다. 많아도 20개 내외의 해시태그를 사용하기를 권장한다. 자연스럽게 작성한 글처럼 보이기 위해서는 해시태그 개수를 꽉 채우지 않는 것이 좋기 때문이다.

④ 연속적인 좋아요 / 댓글 / 팔로우 행위 : 보통 연속적으로 좋아요나 팔로우를 누르는 행동은 계정을 만든지 얼마 되지 않

았을 때 주로 하게 된다. 하지만 계정을 생성한 초기에는 인스타그램의 검열이 굉장히 심하기 때문에 조금은 자제하는 것이 좋다. 그렇지 않으면 인스타그램에 의해 계정이 차단당할 위험이 있다.

많은 수강생들을 가르치며 적정 활동량에 대해 분석해 본 결과, 계정을 팔로우하는 것을 기준으로 했을 때 하루에 최대 약 80명의 사람들을 팔로우하는 것까지는 차단 위험 범주에 속하지 않았다. 만약 좋아요와 팔로우 남발로 계정이 차단되었더라도, 차단이 해제가 된 후에 적은 활동량을 보이다가 점차 활동량을 늘려나가는 방식으로 계정을 운영하면 된다. 계정을 생성하고 어느 정도 시간이 흐르면 인스타그램이 내 계정을 신뢰하는 범주에 들어가게 되는데, 그 시점에서는 활동량이 많아져도 차단당할 확률이 낮아진다는 점 또한 추가로 기억해 두자.

능력치를 업(UP) 시켜줄
나만의 다섯 가지 전략

· · · · ·

지금까지 인스타그램에서 수익을 얻기 위해 어떤 부분을 준비하고 실행해야 하는지에 대해 알아보았다. 생각보다 쉽다고 느껴지는 부분이 있을 것이고 어렵다고 느껴지는 부분도 있을 것이다. 인스타그램 마케팅 강의를 진행하다 보면, 사람마다 쉽다고 생각하는 부분과 어렵다고 생각하는 부분이 각자 다르다는 것을 알 수 있었다. 이제부터는 내가 인스타그램 운영에 있어서 어느 정도의 역량을 가지고 있는지, 부족한 점이 있다면 어떻게 보완해야 할지 생각해 보자.

인스타그램 마스터가 되기 위해 필요한 역량을 크게 다섯 가지로 분류해 보았다. 다섯 가지 역량을 살펴보고 각 역량별로 나의 점수를 매겨보자.

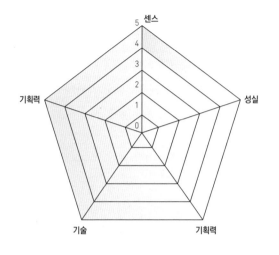

【인스타그램 마스터가 되기 위한 역량 5가지】

센스	대중적 인기를 선도하는 콘텐츠를 구별할 줄 아는것
성실	규칙적인 계정관리와 꾸준한 콘텐츠 생산 능력
기획력	현황을 분석할 줄 알며 이에 따른 계획을 세우는 능력
기술	사진, 편집 등 콘텐츠 생산을 위한 기술
추진력	계획된 시안을 시의성 있게 바로 실천하는 능력

사람은 저마다 가지고 있는 재능과 역량이 모두 다르다. 그렇다면 부족한 역량을 보완하기 위해서 어떤 노력을 하는 것이 좋을까? 각 역량마다 필요한 노력들을 알아보자.

1. 센스

센스는 사실 타고날 확률이 높으며 노력만으로 만점을 줄 정도의 경지까지 오르기는 어려울 수 있다. 그래도 인스타그램을 '잘' 하려면 노력으로 올라갈 수 있는 선까지는 해 보려는 마음가짐이 필요하다. 센스를 보강하기 위해서는 센스 좋은 사람들이 올리는 콘텐츠를 열심히 탐색하며 배우려는 자세를 갖춰야 한다.

먼저 나의 계정과 연관된 콘텐츠들을 확인할 수 있는 해시태그를 파악한다. 그리고 올라오는 게시물 중 '케이스 스터디(case study)'를 할 수 있을 만한 게시물을 탐색해 보자. 참고가 될 만한 계정을 팔로우하는 것도 좋다. 케이스 스터디 효과를 보기 위해서는 단순히 탐색으로 끝나는 것이 아니라 다른 게시물에서 나의 콘텐츠를 발전시킬 수 있는 '개선점'을 반드시 찾아야 한다.

콘텐츠 탐색하기 → 적용점 찾기 → 콘텐츠 개선

진정한 케이스 스터디가 이루어지려면 위의 과정을 반드시 거쳐야 한다. 매일, 혹은 매주 탐색할 게시물 개수를 정하고 해당 게시물에서 개선점을 단 한 가지라도 찾았다면 성공이라고 말할 수 있다. 이런 과정을 반복해서 거치다 보면, 불과 몇 달만 지나더라도 나의 콘텐츠가 눈에 띄게 개선된 모습을 확인할 수 있을 것이다.

2. 기획력

기획력이 부족한 사람들의 가장 큰 특징은 이 다음에 무엇을 해야 할지 모른다는 것이다. 우선 방향성 정하기 파트에서 제시한 로드맵을 참고하여 내가 현재 어떤 상태인지 파악한 후 다음 단계의 계획을 수립해 보자. 이후에도 내가 계정을 잘 키우기 위해 무엇을 해야 할지 모르겠다면 주변을 탐색해 보자. 남들이 무엇을 하고 있는지 파악한 후 '남들은 하고 있는데 나는 하고 있지 않은 것'을 찾는 것이 가장 중요하다.

실행 계획을 세울 때에는 가능하면 숫자로 환산할 수 있는 목표를 정하는 것이 좋다. 예를 들면 '일주일에 팔로워를 못해도 100명씩은 늘려야지', '매주 게시물 2개 이상은 올려야지'와 같이 구체적인 계획을 수립해야 눈에 보이는 결과를 얻을 수 있을 것이다. 만약 내가 구체적인 목표와 계획을 세우지 않는다면, 실패의 원인을 찾기가 쉽지 않고 엄한 곳에 원인을 돌리게 될 수 있다.

기획력을 키우기 위해서는 남들과 나 자신을 끊임없이 비교해야 한다. 이때 객관적인 시선으로 내 계정을 평가하기 위해 지인들의 조언을 받아보는 것도 도움이 된다.

현황 분석 ⟩ 목표 수립 ⟩ 실행 방안 ⟩ 실행

1. 주변을 탐색하며 해야 할 것 찾기(남들은 하고 있는데 나는 하고 있지 않은 것)
2. 로드맵을 활용하여 내가 무엇을 해야 하는지 점검하기
3. 가능하면 숫자로 환산하여 구체적인 목표 정하기
4. 목표에 따른 실행 세우기

3. 추진력

계획을 세웠으나 번번이 실패하거나, 실천하기까지 시간이 오래 걸린다면 나의 일상 사이클에 맞는 계획을 세웠는지 점검해 봐야 할 필요가 있다. 다음의 사례를 살펴보자.

> 5kg를 감량하는 다이어트를 시작하기로 했다. 나는 다이어트를 위해 앞으로 저녁 6시 이후로는 아무것도 먹지 않기로 했다. 그리고 하루에 1시간 이상 운동을 하기로 다짐했다. 그러나 잦은 저녁 약속과 회식 때문에 어쩔 수 없이 저녁 시간에 밥이나 술을 먹게 되었고 운동을 할 시간이 부족했다. 결국 다이어트는 실패하고 말았다.

위 사례에서 다이어트에 실패한 가장 큰 원인은 무엇일까? 바로 나의 라이프스타일을 고려하지 않은 채 실천하기 힘든 목표를 세웠기 때문이다. 내가 세운 계획을 달성하기 위해서는 '나의 라이프스타일을 고려하여 실천할 수 있는 목표를 설정하는 것'이 중요하다. 아래와 같이 나의 라이프스타일을 파악한 후 계획을 세우면 실천 가능성이 높아진다.

> 나의 라이프 스타일 : 9-6시 직장 생활 / 저녁 1-2회 약속이 있음
> - 평일 2회, 주말 1회 운동하기
> - 약속 없는 날엔 다이어트식 먹기 / 7시 이후 금지
> - 약속 있는 날엔 밀가루 음식 제외하고 먹기 / 9시 이후 금지

실천 가능성이 높아진 계획을 만들면 목표를 달성할 확률 또한 높아진다. 비록 목표에 도달하기까지 시간이 조금 걸릴지라도 꾸준히 실천하여 목표를 달성하는 것이 가장 중요하다. 목표를 설정할 때는 궁극적인 목표와 해당 목표의 하위에 속하는 세분화된 목표로 나누는 것이 좋다. 비교적 실천하기 쉬운 하위 목표를 조금씩 달성하다 보면 어느새 궁극적인 목표에 다다른 나를 발견하게 될 것이다.

궁극적인 목표 : 팔로워 1만 만들기

하위 목표 : 주 3회 게시물 올리기 / 하루에 다른 계정 30개 이상 방문하여 댓글 달기 / 하루에 팔로우 10개씩 늘리기

이때 가능하면 주 단위로 나의 라이프스타일을 파악한 후 목표를 정하는 것이 좋다. 또한 혼자 계획을 세우는 것보다는 주변에 알림으로써 동기부여를 얻도록 하자. 인스타그램을 활용해서 하위 목표를 인스타그램 스토리에 인증한다거나, 굵직한 목표를 달성했을 때 게시물을 올린다면 계획한 목표를 이루는 데 큰 힘이 될 것이다.

하루 30분, 인스타그램으로 월 200만원 더 번다

4. 기술

콘텐츠 제작에 필요한 기술이 부족한 경우, 머릿속에 원하는 콘텐츠가 있더라도 이를 제작하기 어려울 수 있다. 이럴 땐 다른 앱들을 활용해서 콘텐츠를 제작하면 된다. 옛날에는 포토샵이나 프리미어 등 전문적인 툴을 사용하여 콘텐츠를 제작했지만, 현재는 비교적 다루기 쉬운 보정 앱이나 동영상 편집 앱 등을 활용할 수 있다. 앱 조작이 어렵다면, 이에 대해 쉽게 알려주는 유튜브 채널이나 강의 등을 별도로 수강해 볼 것을 권장한다.

'인물 사진 잘 찍는 법'

'제품 사진 잘 찍는 법'

'음식 사진 잘 찍는 법'

위 키워드만 유튜브에 검색해서 조금만 공부해도 보다 나은 퀄리티의 콘텐츠를 제작할 수 있다. 마찬가지로 사진을 보정하거나, 릴스를 편집하는 방법 또한 도움을 받을 수 있다.

제품 사진을 찍기 위한 배경천이나 오브제, 반사판 등의 부가적인 도구들도 부담스럽지 않은 금액으로 구매가 가능하므로 예산에 맞는 선에서 콘텐츠의 퀄리티를 높여보자.

5. 성실

스스로 생각하기에 평소 성실함이 부족한 것 같다면 아래의 질문을 읽고 생각해 보자.

'스타강사에게 배우면 무조건 성공할까?'

배우는 것은 누구나 할 수 있지만, 배운 것을 실천하는 것은 누구나 할 수 없다. 1타 강사의 수업을 들었다고 해서 무조건 수능 점수가 잘 나오지 않듯이, 들은 것을 반드시 복습하고 실천하지 않으면 좋은 결과를 얻을 수 없다.

성공한 인플루언서들의 대표적인 공통점 중 하나는 바로 계정을 '꾸준히' 키워왔다는 점이다. 짧게는 몇 달, 길게는 몇 년까지. 결과가 좋든, 나쁘든 포기하지 않고 꾸준하게 계정을 운영해온 것이다. 이처럼 중간에 포기하지 않고 꾸준히만 한다면 인스타그램은 반드시 결실을 맺게 되어 있다.

인스타그램을 시작하기 전, 평범한 직장인에 불과했던 나는 새로운 일에 도전하기엔 현재의 삶도 버겁다고 생각했다. 그러나 인플루언서가 되겠다는 목표가 생긴 후로는 없는 시간을 쪼개서까지 인스타그램 성장에 매달렸고, 그 성실함이 빛을 발해 지금의 내가 되었다. 당신도 할 수 있다. 인스타그램을 통해 수익을 얻기로 마음을 먹었다면, 깊게 생각하지 말고 그냥 일단 뛰어들어 보자.

이 책을 읽으며 인스타그램을 잘 키우기 위한 목표를 설정 했다면 성실하게 계정을 키워보자. 하루 30분만 꾸준히 인스 타그램에 투자하다 보면, 곧 변화된 계정의 모습을 두 눈으로 확인할 수 있을 것이다.

하루에 딱 30분만 인스타그램에 양보하세요

·
·
·
·

이 책에는 내가 인스타그램을 성장시키며 체득한 노하우가 모두 담겨 있다. 그저 이 책에 소개한 방법들을 그대로 따라 하기만 해도 당신은 충분히 인스타그램을 성공적으로 키워낼 수 있을 것이다.

이를 위해선 대단한 노력이나 시간을 투자할 필요가 없다. 그냥 취미생활을 하듯 가볍게 접근해도 좋다. 인스타그램을 먼저 시작한 선배로서, 나는 당신이 투자한 노력보다 수십 배, 수백 배 큰 결실을 얻을 수 있으리라고 단언할 수 있다.

만약 이미 인스타그램을 시작했으나, 아직 그렇다 할 결실을 얻지 못한 상황이라면 부디 포기하지 말기를 바란다. 다만 방법이 조금 달랐을 뿐이고, 인스타그램에 대해서 아직 잘 몰랐을 뿐이다. 지금까지의 모든 경험은 분명 이후 인스타그램

을 성장시키는 데 있어서 커다란 자산이 되어줄 것이다.

나는 이 책이 단순히 인스타그램의 계정을 키우는 방법을 알려주는 데 그치지 않았으면 한다. 당신의 인생을 변화시키고, 새로운 가능성을 열어주는 동기부여를 안겨주었으면 좋겠다. 누구나 쉽고 편하게 사용하는 SNS이지만, 이 익숙한 도구를 어떻게 사용하느냐에 따라서 당신의 삶은 완전히 달라질 수 있다는 사실을 명심하자.

인스타그램 계정을 키우고자 하는 열정으로 끝까지 이 글을 읽어준 것에 대해 감사한 마음을 전한다. 그 마음을 그대로 유지한 채, 앞으로 나아가기만 한다면 당신의 미래엔 성공만이 가득할 것이다.

반드시 성공할 당신을 응원하며 이 책을 마친다.

하루 30분,
인스타그램으로
월 200만원
더 번다

초판 1쇄 발행 2023년 8월 21일
초판 2쇄 발행 2023년 9월 25일

지은이 우슬비
옮긴이 이부연
총괄디렉터 백운호
책임편집 이소담
표지디자인 데시그
본문디자인 푸른나무디자인

펴낸곳 (주)스몰빅미디어
출판등록 제300-2015-157호(2015년 10월 19일)
주소 서울시 종로구 내수동 새문안로3길 30, 세종로대우빌딩 916호
전화번호 02-722-2260
용지 신광지류유통

ISBN 979-11-91731-51-4 13320

1초 안에 설득하고
단숨에 사게 하라!

가장 쉽게 쓰고 가장 크게 터뜨리는 카피의 법칙

SNS에서 먹히는 '요즘 카피'는 따로 있다!

★★★★★

이 책은 이 시대에 먹히는
'요즘 카피'를 다루는 최초의 카피작법서다.
이 책 한 권이면 누구나 소비자의 뇌리에 꽂혀
클릭을 부르는 카피를 손쉽게 작성할 수 있게 될 것이다.

홀리고 유혹하고 사로잡는
요즘 카피 바이블

김시래 지음

"이 책은 인생을 바꾼다. 너무나 단순하고 쉽게!"

UCLA에서 수행한 22년 연구성과물!

가장 단순하고, 가장 쉬운 것부터 시작하라!
"목표를 달성하는 유일한 길은 작은 일의 반복이다!"

끝까지 계속하게 만드는
아주 작은 반복의 힘

로버트 마우어 지음 | 장원철 옮김

TED 600만 명을 사로잡은
스탠퍼드대학교 성공심리학 특강

전세계 200만 부 판매

10년 연속 아마존 베스트셀러

빌 게이츠 '올해 최고의 책'

스탠퍼드 대학 40년간의 연구 성과

당신의 성공, 인간관계, 자녀의 미래가
'마인드셋'에 달려 있다!

★★★★★

능력을 계발하고자 하는 사람이나
도전하는 아이로 키우고 싶은 부모들 모두가 읽어야 할 책이다.

— 빌 게이츠(마이크로소프트 창업자)

★★★★★

스탠퍼드 인간 성장 프로젝트
마인드셋

캐럴 드웩 지음 | 김준수 옮김